ANCIENNES FAMILLES PROTESTANTES

DU BOULONNAIS ET DE LA VILLE DE MONTREUIL

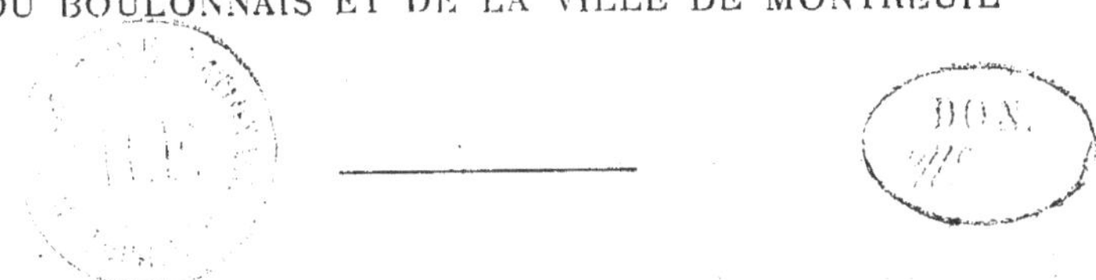

Le passé du protestantisme en Boulonnais a déjà été étudié, à des points de vue tout différents, dans plusieurs ouvrages :

1° *Les Huguenots et la Ligue au diocèse de Boulogne*, par l'abbé F.-A. Lefebvre; Boulogne, 1855, in-12, 248 pages.

2° *Notes Boulonnaises. — La Révocation de l'Édit de Nantes dans le Boulonnais, le Calaisis et les Pays Conquis et Reconquis,* 1685, par V.-J. Vaillant; Boulogne-sur-Mer, 1885, in-8, 78 pages.

3° *Tablettes historiques du Calaisis*, par C. Landrin; Calais, 1888, 3 vol. in-12.

3° *Transcript of the Registers of the Protestant Church at Guisnes from 1668 to 1685;* publication de *The Huguenot Society of London;* Lymington, 1891, in-4, 331 pages.

A ces ouvrages spéciaux il convient d'ajouter l'*Histoire du Boulonnais*, de M. Hector de Rosny, et le *Dictionnaire historique du Pas-de-Calais, arrondissement de Boulogne*, par l'abbé Haigneré.

Le sujet a donc été abordé et étudié bien des fois déjà. Cependant le hasard des recherches m'a fait rencontrer un certain nombre de documents authentiques, concernant les anciennes familles protestantes de la petite province boulonnaise et de la ville de Montreuil. En outre, M. V.-J. Vaillant a eu la grande complaisance de mettre à ma disposition un bon nombre de notes intéressantes, retrouvées par lui çà et là, depuis la publication de son travail précité.

Il m'a semblé que la production de ces divers actes, accompagnés de notes historiques et généalogiques, ne serait pas sans quelque intérêt pour l'histoire du protestantisme en France. C'est pourquoi je publie aujourd'hui une partie de mes découvertes, réservant le reste à plus tard [1].

ROGER RODIÈRE.

I

2 mai 1562. — Testament de Françoise de Monchy, dame de la Haulle.

« Au nom du Père, du Filz et du benoist St-Esperit, je dammoiselle Françoise de Monchy (1), vefve de feu noble homme Jehan de La Haulle, seigneur de Gremonville, Gausenville et Contremolins », etc. — Demande : « Mon corpz estre mis en sépulture en l'église paroissial d'Inquessent (2), où je fay présentement ma résidence, en tel lieu qu'il sera advisé par mes exécuteurs, pourveu que je y décède; aultrement je vœul que en la paroisse où je décéderay mon corpz y soit inhumé, et donne à icelle paroisse ma robbe de vellours noir pour faire des ornemens. Et des biens qu'il a pleu à Dieu m'avoir prestez en ce monde — je vœul — estre prins — cent l. tz. pour estre emploiez à faire prier Dieu pour moy tant en messes, prières, oraisons et aulmosnes. » Suivent diverses donations : « A ma sœur Jehenne de Monchy, relligieuse au couvent des relligieuses Sainct Françoys à Monstrœul (15 l. tz. pour estre participante aux prières et bienfaictz desd. relligieuses); à ma sœur dame Anne de Monchy, relligieuse à Gonnay; — aux confrairies de Sainct Lubin de Ganseville et Sainct Pierre de Gremonville », etc. « Item donne à mon filz aisné Nicolas de la Haulle, affin qu'il prye Dieu pour moy, dix escus soleil ». — La testatrice fait ensuite des legs très considérables à Gédéon, Siméon, Marie et Austreberthe de La Haulle, enfants dudit Nicolas : « à condition quy ne suiveront et tiendront la secte de la nouvelle relligion que l'on vœult dire réformée, venue de nouveau en ce païs de France, et qu'ilz vivront selon la loy et relligion ancienne de France à la mode ro-

---

1. Les notes étant nombreuses et étendues, elles ont été, pour chaque document, imprimées à la suite du texte qu'elles expliquent et complètent.

maine, selon mes prédécesseurs, parens et amis. Et où aucuns
d'iceulx feroient aultrement, je révocque les dons et légatz cy dessus, et que le contredisant ou contredisans en soit privé, et par ac-
croissement estre distribué et délivré à celluy ou ceulx de mesd. petis
enffans qui suivront et tiendront lad. ancienne relligion. Et encores
où mesd. petis enffans se vouldroient tous maintenir en lad. nouvelle
secte et relligion, je vœul et ordonne que lesd. légatz soient distribuez
aux pauvres, pour faire prier Dieu pour moy, à la discrétion des
exécuteurs de ce présent testament. » Après plusieurs legs particuliers, notamment un calice d'argent doré « à mon nepveu Jacques
de Monchy, filz de mon frère Monsieur d'I[n]quessent, que j'ay tousjours nourry », la testatrice nomme pour légataires universelles
lesdites Marie et Austreberthe de La Haulle, « pourveu qu'elles
observent lad. ancienne relligion, ou aultrement je vœul le tout
estre distribué aux pauvres ». Enfin elle choisit pour exécuteurs tes-
tamentaires « Monsieur d'I[n]quessent mon frère (3) », et Anthoine de
Hèghes, procureur à Montreuil.

(Testament passé à Montreuil le 2 may 1562, pard⁺ Obert et Malingre, notaires. Minute originale signée. Étude de Mᵉ Plesse, à
Montreuil.)

La dame de La Haulle fit un second testament le 11 octobre 1578.
Elle y répète à peu près exactement les termes du premier, avec
quelques détails supplémentaires. Ainsi, elle laisse une rente viagère à son fils Jehan, « homme d'Église, sans que mond. filz Jehan
en ait aulcune disposition en sa puissance et volonté, sachant la
vie dissolue que à mon grand regret il a mené et mayne ». Dans le
cas où tous ses petits-enfants « se vouldroient tous maintenir en
lad. nouvelle secte et relligion », la testatrice leur substitue « la
comunaulté des pauvres de l'Hostel-Dieu de Paris, aux administrateurs duquel Hostel-Dieu mes exécuteurs envoiront, incontinent
aprez mon décedz, la copie de ce présent mien testament et à mes
despens, pour entendre songneusement pour lesd. pauvres à pour-
suivir au prouffict d'iceux les dons et légatz faictz cy devant, sy
tous iceux légataires se desvoyoient de lad. église catholicque et
romaine. — N'est que ma belle-fille ayt de mond. filz Nicolas aultrez
enffans quy vivent selon l'institution de nostre mère Sᵗᵉ Église catholicque et romaine, estant en mon intention que mes petitz filz et
petites filles de mond. filz Nicolas, nez ou à naistre, soient esd.
légaulx préférez aud. Hostel-Dieu, en cas que iceux ou l'un d'eux
vivent et persévèrent en lad. Église catholicque et romaine, et non

aultrement. Sy n'entend poinct que led. Hostel-Dieu exclude mes aultrez parens, quy aprez les susnommez légataires seroient habilles à succéder esd. rentes et choses légatées, pourveu qu'ilz ne fussent séparez hors de lad. Église catholicque et romaine ». *Elle choisit pour exécuteurs les seigneurs de Mont-Cavrel, d'Inxent et de Cavron, de la maison de Monchy;* « Messire Jehan de Maulde, chlr et baron de Collemberq, mary de da^le Anne de Monchy, ma niepce », et « Me Michiel de Montchy, seigneur de Boutonville, conseiller du Roy en sa court de Parlement de Rouen, archidiacre dud. Rouen, et vicaire général de Monseigneur le Révérendissime et Illustrissime Cardinal de Bourbon ». *Par un codicile, elle lègue, entre autres,* « à sœur Jehenne du Fay, mon gobbelet d'estain couvert, avecq mes patenostres d'abannes que mon nepveu de Bouthonville m'a apporté de Rome; et la croix d'or quy y pent, c'est pour ma belle-fille la fille (*sic* pour femme) de mon filz aisné, Madlle de Gansville, affin qu'elle ait souvenance de moy en ses bonnes prières » (4).

(Minutes des notaires De Leaue et Benault; même étude.)

(1) Françoise, fille de Jean de Monchy, chevalier, sgr de Mont-Cavrel, m^e d'hôtel du Roi, tué en 1512 à la bataille de Ravenne, et de Anne Picard (mariés en 1490); alliée à Jean de la Haule, sgr de Fremanville (*sic*). (R. de Belleval, *Nobiliaire du Ponthieu*, p. 704.)

(2) Inxent, village en Boulonnais, près Montreuil.

(3) Jacques de Monchy, sgr d'Inxent, chevalier de l'ordre du Roi, gouverneur de Laon, auteur de la branche des seig^rs d'Inxent et de Cavron. A la différence des Monchy de Visme, qui embrassèrent le protestantisme, les branches d'Inxent, de Mont-Cavrel, etc., restèrent très attachées au catholicisme, et se distinguèrent dans le parti de la Ligue. Jacques, fils du s^r d'Inxent, cité au testament de sa tante, devint jésuite.

(4) Mademoiselle de Gansville était donc catholique.

II

12 avril 1572. — Testament de Louis de Rebergues (1).

« Au nom du Père et du Filz et du benoist Sainct Esperit, moy Louys de Rubergues, dem^t à Monteswis, estant en mon bon sens, etc. — Je prie à mon Dieu, mon père créateur, quand mon

ame p[artira] de mon cors, qu'il veulle par sa grace la recepvoir en
sa miséricorde. Et quand aulx biens temporelz que Dieu m'a presté
ce monde, je donne et laisse à Suzenne de Thubeauville la terre
et seignourie du Hamel que [jay] œu pour le quind hérédital que
m'a donné Jacqueline de Frencq ma première femme ».

Legs : « à Louis Robert mon nepveu, filz de ma sœur Adrienne » ;
    « à dam^{le} Marie d'Ostove, ma femme » ;
    « à Anthoine Robert, filz puisné de lad. Adrienne de Ru-
      bergues » ;
    « à Jacqueline Caron. »   (Il cite feu François de Ru-
      bergues).

« Dénommant pour mes exécuteurs de Monsieur de Guiselin et
de Monsr de Fresnoie ».

(Minute originale passée **par** De Leaue et Allain, notaires à
Montreuil.)

(1) Louis de Rebergues ou Rubergues, écuyer, « assisté de [François]
de Ruberghues, seig^r de Questinghen et Descluses (lire des Cluses), son
frère aisné, et de Loys du Tertre, sg^r d'Escœuffen, son cousin », épousa
par contrat du 5 janvier 1554-1555 pardevant Jehan Postel et Nicolas
Malingre, not. à Montreuil : « damoiselle Jacquelynne de Frencq, damoiselle de Montewys, demœurant aud. lieu, paroisse de Le Calloterye,
assistée de nobles personnes Anthoine de Bétencourt, seig^r de P...ocourt,
de Nicollas de Courteville, seig^r de Hodicq, ses cousins, et Joachin de
Bécourt, sg^r de Lenclos, son bon amy. » (Ce dernier fut plus tard ligueur
aussi fougueux que les Du Tertre furent huguenots exaltés.) Le mariant
apporte en dot un fief noble à Inquessen, une « plache et terres » à
Wismes en Arthois ; la contractante apporte la terre et seigneurie de
Montewis, et plusieurs autres fiefs (Minutes Malingre). — La formule
de ce testament nous révèle que Louis de Rebergues était protestant.

En 1606, François de Hèghes, escuier, sieur du Grand-Jardin, et dam^{lle}
Margueritte de Ruberghes, sa femme, se font décréter sur la terre et
principauté de Hodicq, acquise par eux de Messire Eustache de Croy,
comte du Rœulx et du Maige, prince de Hodicq. (Scotté, Commentaires
sur la Coutume du Boulenois, mss., f° 22 v°.) — Marguerite de Rebergues
avait épousé un catholique ; les de Hesghes comptent même un moine de
Dommartin, dom Jehan de Hesghes, égorgé en 1568 par les huguenots de
Cocqueville. Cependant ils suivirent le parti du Roi pendant les guerres
de la Ligue. Antoine de Hesghes, frère de François, et « antien mayeur
de ceste ville de Monstrœul, à présent demeurant en la ville de Saint-

Omer » (20 mars 1590), avait dû s'enfuir de Montreuil après y avoir été incarcéré par les Ligueurs. Plus tard il revint; en 1595 il était mayeur de nouveau (il le fut seize fois en tout, de 1585 à 1620); François le fut plusieurs fois aussi (trois fois de 1577 à 1580).

III

26 septembre 1576. — Assemblée des gentilshommes de la religion réformée du Boulonnois, par laquelle ils ont requis qu'aux mémoires dont il s'agissoit, qu'on supliat Sa Majesté d'y ajouter d'acorder et continuer la paix [entre catholiques et protestants] (*Cote du* xviiie *siècle*).

En la p[rése]nce de nous Françoys du Buir et Roger Langlois, nottaires roiaux dem^s à Boullongne sur la mer, Nicolas de Héricourt (1), escuier, seigneur de Canlers, Guillaume d'Ostove, escuier, seigneur de Clènleu et Buimont et Hardenthun (2), Charles de Wavrans, escuier, seigneur de Sequières (3), Claude de Louvigny (4), escuier, seig^r dud. lieu, Estréelles, Wierre et Longfossé, Claude de Willecot (5), escuier, sieur de Contery, tant pour eulx que pour et au *nom de toutte la noblesse du conté de Boullenois de la religion* réformée, ont remonstré à Monsieur Me Anthoine Chinot, escuier, seigneur du Val, conseiller du Roy et son lieutenant général en la Sen^{céé} dud. conté de Boullenois, qu'ilz estoient naguères comparutz pardevant luy commissaire par le Roy pour la convocation et assemblée généralle des estatz du ressort et jurisdiction de lad. Sen^{céé} de Boullenois, pour adviser avecq les gentilhommes catholicques *conjointement ensemble, desnommer et déléguer certain* personnage d'entre eulx à dresser les mémoires, et aprez avoir esté d'accord de plusieurs articles desd. mémoires auroient requis que l'on adjoutast que l'on suplioit la Majesté du Roy de garder et entretenir la paix. Ce dont on auroit faict refuz, ne l'aiant voullu adjouster ausdictz mémoires, aprez grandes instances pour ce par eulx faictes. Duquel refuz ils avoient requis aud. s^r du Val leur bailler acte, qui auroit déclaré que sa commission pour ce requise estoit expirée et qu'il n'y povoit toucher; ce néantmoins que nous faisant comparoir pardevant luy, qu'il bailleroit acte de son dire et response. Suivant quoy ilz avoient faict comparoir pardevant luy nous nottaires soubzsignez, requérans led. sieur lieutenant consentir leur estre délivré acte de ce que dessus par nous nottaires susdictz. A quoi iceluy sieur lieutenant auroit faict responce qu'ilz en prinssent tel acte qu'ilz verront bon estre et que sa commission estoit expirée, et debvoient faire lesd^tes remonstrances, s'ilz entendoient de eulx en servir et prévalloir, aux assemblées faictes les deulx jours prochains passez pour le faict des estatz dud. pays de Boullenois. Dont et de quoy les dessusditz gentilshommes ont requis acte à nous nottaires soubzsignez qui leur avons accordé. Faict et expédié aud. Boullongne le XXVIe jour de septembre mil V^c soixante seize.

GUILLAUME D'OSTOVE, HERICOURT.

C. DE WAVRANS. DE LOUVIGNY.

CLAUDE DE WILLECOT.

DUBUIR. LANGLOIS.

(Minute originale. Étude de Me Dezairs, notaire à Boulogne. — Comm^on de M. Jules Le Cat.)

(1) Cet acte est le seul qui nous révèle que la famille d'Héricourt ait un instant fait profession du protestantisme. Cette maison, éteinte au XVIIIe siècle, possédait dès le XIIe la terre de Canlers en Artois, où son château a été démoli vers 1854. Sa généalogie se confond avec l'histoire du village de Canlers; elle n'a guère été étudiée jusqu'ici. (Voir une notice sur Canlers, du comte de Servins d'Héricourt, dans le *Bull. de la Commiss. des Antiq. dép^les du P.-de-C.*, 1854, pp. 204-205; chanoine Hénocque, *Hist. de St-Riquier*, t. III, p. 205; Haigneré, *Inventaire des Arch. P.-de-C.*, série G, *Évêché de Boulogne*, t. Ier, pp. 210 et 267; A. de Ternas, *Recueil de la noblesse des Pays-Bas*, p. 29; Ig. de Coussemaker, *Un cartul. de l'abbaye de N.-D. de Bourbourg*, pp. 469, 470 et sq.). Nicolas de Héricourt, le huguenot de 1576 (fils de Henri et d'Isabeau de la Rozière), épousa Claude de Septfontaines, fille de Jean, écuyer, seig^r dud. lieu, et de Marie de Caulaincourt. Leur fils aîné, Charles de Héricourt, se qualifie dès 1581 « sieur de Canlers et de Sénécauville, chambellan de Monseig^r le Cardinal de Bourbon, dem^t aud. Canlers »; il est donc à présumer que son père était mort à cette époque, et que Charles était catholique, car il semble bien que le cardinal, oncle de Henri IV, n'aurait pas confié à un réformé la charge de chambellan. Charles épousa Marie d'Ocoche, dont il eut Antoine, créé chevalier par lettres des Archiducs, souverains des Pays-Bas, données à Bruxelles le 18 mars 1618. Nicolas de Héricourt avait un second fils, nommé Charles comme son aîné, qui épousa Marguerite d'Anglure, nièce du comte de Grandpré; ledit Nicolas avait un frère chevalier de Malte (Lettres de 1618; Ternas, *loc. cit.*; et min. des not. de Montreuil, 1581). — En 1644, dame Isabelle de Héricourt, prieure de l'abbaye de Bourbourg, fut élue abbesse par ses consœurs, et comme

l'élection devait être confirmée par le prince, gouverneur des Pays-Bas, les religieuses opposantes à cette élection firent valoir qu'Isabelle était d'origine française; son frère Antoine dut représenter au gouverneur que cette assertion était « une pure calomnie, d'aultant que la terre de Héricourt, dont ilz portent le nom, est au comté d'Artois, et que de tout temps leurs prédécesseurs y ont demeuré et eulx aussy, principalement au village de Canlers, où ilz sont néz et baptiséz, comme en appert par copie des lettres du Pape Léon, de l'évesque de Térouane, attestations cy jôintes »; il rappelle ensuite que lui-même a été fait chevalier par les Archiducs en 1618, puis mayeur de St-Omer en 1635 et 1636; que son frère et ses neveux ont servi dans les armées espagnoles; « et qui plus est, que par le partage de leurs parens, à l'un de leurs frères estoit tombée une terre qu'ils avoient en France sur les frontières, où il faisoit sa demeure, lequel estant décédé avant la présente guerre entre les deux couronnes, le remonstrant at retiré par deça auprès de luy ses enfans, aymant mieulx les avoir à sa charge que de les laisser nourrir et eslever en France, combien que présentement ils perdent touts leurs biens » (janvier-février 1641). En conséquence, le 15 mars 1641, Philippe IV, Roi d'Espagne, nomma Isabelle d'Héricourt à l'abbaye de Bourbourg (Ig. de Coussemaker, *loc. cit.*).

(2) Sur les d'Ostove, voir ci-après pièces IV et VIII.

(3) Sur Charles de Wavrans, voir pièce IV.

(4) Claude de Louvigny, seigneur d'Estréelles, est un des principaux chefs du protestantisme en Boulonnais à l'époque des guerres de religion. La famille de Louvigny est un vieux lignage du Boulonnais; le fief patronymique de Louvigny est sur le terroir de Beussent. — *Eustachius de Lovegni*, cité en 1207 par une charte du Prieuré de Beaurain, est le plus ancien connu de ce nom. Viennent ensuite : Jehan de Louvegni, escuier, 1363 (Chartrier de Longvilliers): Jacques de Louvegny, 1392 (Charles de Maresville) et 1393, franc-homme jugeant au châtel de Boulogne (E. de Rosny, *Rech. Généalog.*, t. II, p. 897); Jehanne de Louvigny, dame de Vrechocq en partie, vesve de feu Monsieur le Besgue de Le Rachie, en son vivant chevalier, seigneur de Le Rachie et du Bus, 1422 (fille de Jehanne de Fiennes) (Chartrier de Longvilliers); Robert de Louvigny, 1449 (E. de Rosny, *loc. cit.*); Robert et Jehan, tenant de nombreux fiefs en Boulonnais, 1477 (Déclar. des fiefs du Boulonnais, mss. Arch. de Boulogne); Extasse de Louvigny, dem' à Questrecques, 1515 (Chartr. de Longvilliers); Jehan, tenant fief de Longvilliers à Hubersent, 1510 (*Id.*). Ce dernier est la souche de la généalogie suivie de la famille. Son fils François devint un puissant seigneur en épousant (vers 1530 ?)

Françoise de Hardenthun, héritière d'Estréelles et de Reclinghem. Françoise, étant veuve, testa le 5 février 1572, selon la formule catholique, faisant quantité de legs pieux (Min. des not. de Montreuil). Leur fils Guillaume survécut peu à son père; il laissa pour héritier Claude de Louvigny, qui se fit protestant et fut l'un des chefs du parti huguenot en Boulonnais; il n'est pas nommé au testament de sa grand' mère, qui sans doute ne lui pardonnait pas son changement de religion. La même année 1572, après la St-Barthélemy, il est assiégé dans son château d'Estréelles par la garnison de Montreuil, et c'est sans doute à cela qu'il fait allusion, le 30 octobre 1572, en constituant une rente pour payer ses dettes contractées « à raison des grandes pertes qu'il a eu et souferetes depuis peu de temps encha. » (Min. des not.). Puis, en 1576, il est l'un des cinq députés de la noblesse protestante du Boulonnais à l'assemblée générale des trois ordres de la province (présent acte); en 1585, il protège le prédicant Jean Auber, qui fait le prêche à Wierre-au-Bois, fief des Louvigny; le 28 avril, ce pasteur est accompagné des sieurs d'Estréelles et de Louvigny, du Mesnil, des Barreaux, et Fiérard, frère du mayeur d'Etaples (A. Lefebvre, *Un crime impuni;* journal *La France du Nord*, du 24 mars 1895). Enfin, c'est lui qui a bâti le curieux temple encore existant à Estréelles. Il est bizarre, après cela, de le voir, en 1590, parrain d'un enfant catholique (Registre de famille de Philippe du Hamel, bailly de Samer) : « Au mois de may le Ve jour, 3 heures aprez midy, veille de l'Ascension 1590, naquit Roger, et fut baptisé en l'église Nostre Dame de Boullogne. Ses parrins furent Loys, filz aisné de Monsieur du Bernet, gouverneur de Boullongne et pays de Boullegnois; *Messire Claude de Louvigni, chevalier, sieur d'Estréelles et Wierre ou* Bois; ses marinnes la dame du Roncoy, qui depuis a espouzé le s^r de Belleval, et Madamoiselle femme du cappitaine Busca » (Publié par E. Deseille, Bull. Soc. Acad. Boulogne, t. III, p. 420). — En 1590, Claude vit ses biens confisqués par la Ligue; le 2 juin, François des Essarts de Maigneulx, gouverneur de Montreuil, baille à loyer la maison seigneuriale d'Estréelles dont la jouissance lui avait été accordée par les princes ligueurs. (Min. des not.). Mais le 7 octobre 1591, après la reprise d'Étaples par les royalistes, Louvigny est nommé gouverneur de cette ville (Souquet, *Hist. du Château d'Étaples*, pp. 19-24). Il mourut vers 1593, laissant de Jeanne Gaillard de Longjumeau, Daniel de Louvigny, seig^r d'Estréelles, sans enfants de Marie de Monsures; et Jean de Louvigny, seig^r d'Estréelles (1620) après son frère. Ce dernier revint au catholicisme en épousant Anne de Dremille (veuve dès 1623, morte le 7 janvier 1632). Il n'en eut qu'un fils et deux filles : le premier, Claude, page d'Anne d'Autriche, mourut jeune : « Le jeune Louvigny, se battant en duel avec d'Hocquincourt, lui dit : *Otons nos éperons. Et comme l'autre se fut baissé, il lui donna un grand coup d'épée qui passait d'outre en outre et le mit à la mort ».* Tallemant des Réaux qualifie cette action d'épouvantable ; cependant elle n'eut pas de suites pour Louvigny ; il fut tué en duel en 1629, à un peu plus de vingt ans (*Revue des Deux Mondes*, 1er oct. 1899, p. 595 ; *La Grande Demoiselle*, par Arvède Barine). La date de 1629 est fausse, car Claude est encore parrain à Estréelles le 15 avril 1632 (Reg. de catholicité). Sa sœur Marguerite porta en 1634 les terres d'Estréelles et de Louvigny dans la famille du Blaisel, l'une des plus catholiques et des plus ligueuses du Boulonnais.

La famille de Louvigny a compté plusieurs autres branches, qui jouèrent aussi un rôle dans l'histoire du protestantisme. La seconde femme du père du grand Sully s'appelait Marguerite de Louvigny. — Nicolas de Louvigny, fils d'Henri, conseiller secrétaire du Roi, qui fut inhumé dans le cimetière du Temple de Charenton, était directeur des Manufactures royales du Nivernais au moment de la Révocation ; il abjura, mais eut ensuite des remords et voulut émigrer ; arrêté à Dieppe avec sa mère Antoinette Bigot, âgé de 70 ans, sa femme et sa belle-mère, il fut jeté en prison, les femmes incarcérées au château de Ham. Il réussit pourtant à quitter la France pour s'établir en Angleterre, et vit ses biens donnés en 1688 à son frère Louvigny d'Orgemont, intendant de la marine au Havre (V. J. Vaillant, *op. cit.*, p. 56). C'est sans doute à ce dernier que fait allusion Rossier (*Hist. des protestants de Picardie*, p. 264), lorsque, parmi les agents du gouvernement de Louis XIV qui furent opposés aux persécutions violentes ou qui y renoncèrent après les avoir pratiquées, il cite *Louvigny*, qui dit en 1698 : « L'autorité publique n'est pas propre à gagner le cœur. Il y a de l'horreur à penser qu'on contraigne des gens qui ne croient pas, à pratiquer des sentiments qu'ils profanent par leur manque de foi. Ils donnent un scandale universel à l'Église ». En 1689, dans les rangs de l'armée protestante, à la bataille de la Boyne, nous trouvons un colonel de Louvigny, et un capitaine du même nom (Vaillant, *op. cit.*, p. 58). — La famille de Louvigny figure fréquemment pendant les règnes de Guillaume d'Orange et du roi Georges, dans les *King's Warrant Books*, comme bénéficiaire soit de pensions renouvelables, soit de *benefactions* provenant des fonds des Réfugiés français. C'est ainsi qu'en 1703 on y voit inscrites une pension de £ 30 au nom des demoiselles Henriette et Marie de Louvigny et une *benefaction* supplémentaire d'égale importance ; puis, en avril 1705, une pension ou libéralité de £ 60 aux mêmes noms, tandis que leur mère Jeanne de La Baume de Louvigny en touche une de £ 40. Semblables sommes leur sont allouées en 1716, en 1723, en 1726, 1727, 1731, etc., etc. Les noms des bénéficiaires français abondent dans ces listes, mais ils sont fortement estropiés, au point que les corrections qu'on en essaierait resteraient le plus souvent sujettes à caution (Notes Vaillant). — Sur Madame de Louvigny, religieuse de St-Louis de St-Cyr, et la part qu'elle prit dans la publication des Lettres de Madame de Maintenon, par Laurent Angliviel de La Baumelle, voir *La Baumelle et St-Cyr*, par Ach. Taphanel, 1898 (note *id.*).

Voir encore A. Lefebvre, *Le Temple fortifié d'Estréelles en Boulonnais*, Mém. Comm. Dép. des Mon. hist. du P.-d.-C., 1901, t. II, p. 285.

Scotté de Vélinghem (Mss. sur le Boulonnais, f° 43 v°) donne aux Louvigny des armes parlantes : *d'or à trois loups de sable passant l'un derrière l'autre;* l'Armorial des Dixmude-Montbrun (f° 37, mss. bibl. A. de Rosny) porte les mêmes armes, mais les loups superposés, et sur champ d'argent, avec pennon généalogique de 8 quartiers. Un sceau appartenant à M. de Gournay de Clarques (*S. Jehan de Louviny;* xvi° s.) donne un blason tout différent : *de... à la tour de... accostée de deux molettes de...*

(5) Willecot, ancienne famille de noblesse boulonnaise encore existante sous le nom de Willecot de Rincquesen. La plupart de ses membres professaient le catholicisme. Cependant l'État des protestants du Boulonnais, dressé en 1697, mentionne : « A Outreau. La d^{lle} Vuilcot qui est retenu de faire son debvoir par le sieur Haffrengue » (Vaillant, *op. cit.*, p. 17). — Cette « demoiselle Vuilcot » devait être Jeanne Flahault, femme de Bertrand Willecot, escuyer, sieur dudit lieu; elle avait abjuré entre les mains du curé de St-Wandrille en Outreau, le 6 décembre 1685, et son mariage, célébré antérieurement sans doute selon le rite réformé, avait été renouvelé en la chapelle de l'évêché de Boulogne le 14 janvier 1687 (Voir le texte de ces deux actes, Vaillant, *op. cit.*, pp. 59-60). Rien n'autorise à penser que Bertrand Willecot ait été protestant comme sa femme; dès le 17 avril 1685, son fils Louis-Furcy avait été baptisé à l'église d'Outreau (*Ibid.*).

IV

3 septembre 1583. — Testament de Charles de Wavrans, seigneur de Sequières.

« Au nom de Dieu. Je Charles de Wavrans (1), sieur de Sequières, voullant ordonner et disposer des biens temporelz qu'il a pleu à Dieu me départir, devant que par malladie le sens et entendement soient empeschez, par ce présent testament ay faict déclaration de ma dernière volonté comme il s'ensuit. En premier lieu, je prie humblement le Tout-Puissant Dieu, mon Père et Créateur, qu'il lui plaise

au nom et par le mérite de Nostre Seigneur Jésuchrist son filz me
pardonner le nombre infini de péchez que j'ay commis contre sa
saincte Maiesté; n'aiant autre espoir ny refuge sinon à son adop-
tion gratuite, à laquelle tout nostre salus est fondé; embrassant la
grâce qu'il m'a faict en icellui Nostre Seigneur Jésuchrist, affin que
par ce seul moien, toutes mes offenses estans ensevelies, je puisse
comparoistre devant sa face, portant son image, avecq tous ses
esleux bien heureux. Aussy je luy rendz grâce de ce qu'il lui a pleu
avoir tel soing de moy en ceste vie corporelle, qu'il m'a donné
durant icelle non seullement de ses biens et moiens pour y subvenir,
mais aussy qu'il luy a pleu me susciter lignée légitime pour succéder à iceulx. Laquelle après l'avoir recommandée à sa saincte
grâce et bénédiction, je vœultz et entendz par ceste mienne disposition user desdictz biens que je luy laisse, en la sorte qui sensuit. »
Il lègue à Charles de Wavrans, son fils aîné, son fief de Sequières
et quantité d'autres biens, notamment « les fiefz que j'ai à Bouc-
quehault, à moy escheux de la succession de damoiselle Magdelaine
d'Ostove ma tante (2). » Il fait ensuite divers legs à Judith de Wavrans, sa fille aînée, femme de Léonard de Levrien, et à Jacqueline
de Wavrans, sa fille cadette. « Item je donne aux pauvres la somme
de dix escus, qui seront distribuez à la discrétion des exécuteurs de
ce mien testament. Sy prie et admonneste tous mesdictz enffans de
tenir et observer en bon accord et amytié fraternelle la présente
disposition et avoir tousiours la crainte de Dieu devant les jeux (*sic*),
recongnoissans que tout procedde de sa saincte largesse et libéralité. » Le testateur nomme ensuite pour exécuteurs les seigneurs de
Contery et Mᵉ Guillaume Le Sueur (3), mes bons et fidelles amys »,
et date du 3 septembre 1583. « Ainsy signé : de Wavrans, de Guis-
selin, de St-Amand, K. de Seinct Remy, N. de La Rue, Le Sueur,
Claude de Willecot, François du Tertre et A. de Fresnoye. »

Codicile du 5 octobre 1588 : « Au nom de Dieu, je soubsigné,
sieur de Sequières », etc...

(Expédition, charte en parchemin, du testament olographe, collationnée le 18 décembre 1591, par Phlippes Le Sourd, garde du
scel royal en Boulenois; Jehan Luce et François du Buir, notaires
royaux. — Chartrier de Longvilliers (4).)

(1) Wavrans, vieille famille de noblesse boulonnaise, éteinte au xviiiᵉ siècle. Charles de Wavrans avait épousé Jacqueline du Tertre, damoiselle de
Boursin, héritière de la plus fameuse maison protestante du Boulonnais; il

est probable qu'il abjura le catholicisme en se mariant ; on remarque que la plupart des familles nobles du Boulonnais, qui embrassèrent la réforme, le firent à la suite d'alliances avec les Du Tertre. Les descendants de Charles de Wavrans redevinrent catholiques, ainsi que les Du Tertre eux-mêmes, qui existent encore aujourd'hui. — Pendant les guerres de la Ligue, les biens de la veuve de Charles de Wavrans furent confisqués par la Sainte-Union. Le 28 mars 1590, Charles Dexson, chevalier, seig^r de Coury, et Hanibal de La Rue, escuier, s^r de Bernapré, capitaine du château d'Étaples, font bail de « la part et portion appartenant à dam^{lle} Jacqueline du Tertre, velve de feu Charles de Wavrans, en son vivant seigneur de Secquières, tenant party contraire à l'union catholicque, en la maison et cense du Faïel pour son douaire ». Le fief du Fayel est voisin d'Étaples ; Jacqueline du Tertre était veuve en premières noces de Philippe d'Aigneville, seig^r du Fayel, d'où Anne d'Aigneville qui épousa un capitaine huguenot, Robert de Rocquigny, dont il sera question plus loin.

Sur les Du Tertre, voir V.-J. Vaillant, *op. cit.*, p. 57. — Les registres du Temple de Guines (1668-1685) ne renferment qu'une seule mention de la famille du Tertre, ce qui est fort étonnant, car cette maison était nombreuse et certainement encore protestante à cette époque : « Décembre 1669. — ...du Tertre, demoiselle du Menil, dec. à Guisnes le 31e. Témoins Anne de Rocquigny et Anne du Tertre » (p. 21).

(2) Magdeleine d'Ostove, zélée catholique, avait fait, par son testament du 22 juillet 1575, des dons considérables à l'Hôtel-Dieu de Montreuil. M. Aug. Braquehay (*Hist. des Établ. Hospitaliers de Montreuil*, p. 119 et sq.) raconte en détails le procès que firent aux religieuses de l'Hôtel-Dieu les héritiers mécontents ; mais il n'a pas su que ces héritiers, ou du moins une partie d'entre eux, étaient protestants, ce qui explique mieux encore leur dépit de voir passer en mains ecclésiastiques les biens de leur famille.

(3) Guillaume Le Sueur, avocat en la Sénéchaussée de Boullenois, est l'auteur des *Antiquitez de Boulongne sur mer*, composées en 1596, la plus ancienne histoire de Boulogne (publiée récemment par M. E. Deseille). Je ne sais s'il était protestant ; en tout cas, il fut très opposé à la Ligue. — Nous verrons plus loin, en 1626, un François Le Sueur, lieutenant en la maîtrise des eaux et forêts, exécuteur du testament de Mme de Rocquigny (avec Chinot du Val, catholique connu).

(4) Une note de Léonard de Levrien nous apprend que : « Charles de Wavrans, escuier, sieur de Sequières, Rond, Pont-à-Hames, etc., père de madicte feu femme, est décédé en ma maison de La Chappelle-Heffroy,

le vingt-cincquiesme janvier mil V⁰ quatre vingtz et nœuf sur les... [*en blanc*] du matin. Son corps fut porté enterrer en l'église de Boussin » (Boursin). Fait très curieux, qui prouve qu'à la faveur des troubles, on enterrait alors les seigneurs protestants dans les églises. A moins que Wavrans ne fût retourné au catholicisme à son lit de mort, mais c'est peu probable, puisque tout son entourage était réformé.

Le cas n'est, d'ailleurs, pas sans exemple : « En 1596, le seigneur de St-Vaast, de la religion protestante, et qui avait servi sous le duc de Longueville, mourut sans enfants ; il fut enterré dans le chœur de l'église. L'official, à la requête du promoteur, ordonna l'exhumation du corps, et l'église fut interdite comme étant polluée. Le curé, au lieu de se soumettre à cette sentence, porta appel au parlement de Rouen, qui lui enjoignit de l'exécuter ponctuellement. Jeanne de Glatigny, veuve du défunt, intervint au procès et se porta appelant de toute la procédure au grand Conseil ». (A. de Caumont, *Statistique monumentale du Calvados*, t. I, p. 290.) Françoise de Vuarty, veuve de Charles d'Ailly, vidame d'Amiens, fut inhumée dans l'église de Rainneval, quoique étant décédée dans les sentiments du protestantisme (première moitié du xvii⁰ siècle) (De Court, ap. Darsy, *Picquigny et ses Seigneurs*, p. 68).

D'autre part, M. G. Tholin a publié dans le *Bulletin de la Société Nationale des Antiquaires de France*, 1898, p. 275 et suiv. (*Un Médaillon en plomb trouvé dans l'ancien cimetière de Sainte-Livrade* — Lot-et-Garonne, — ancien prieuré bénédictin), un article très intéressant et dont il y a lieu de citer ici un large extrait (pp. 279-280) :

« Reste à expliquer le fait d'une sépulture protestante dans un cimetière catholique (de l'Agenais). Ceci a lieu de surprendre. C'est une exception assurément, mais non une exception unique. Des documents des xvi⁰ et xvii⁰ siècles sont fort probants à ce sujet.

« Il y a près de vingt ans, en étudiant le livre de raison de Jean de Lorman, protestant, qui joua un certain rôle comme représentant des églises agenaises dans plusieurs synodes, je fus frappé d'une note inscrite par son fils dans le livre familial, à la date de 1653 : « Il (Jean de Lorman) « fut enseveli dans la grande église (du Mas d'Agenais), proche la grande « cheire et au devant le bancq que y avons, comme estant nos tombes « provenents de nos anceptres les Vopilières » (*Le livre de raison des Daurée d'Agen*, par G. Tholin, Agen, 1880).

« Il résulte de ce texte que, dans nos pays, au xvii⁰ siècle, on pouvait considérer un caveau dans une église comme une propriété de famille, et en user, abstraction faite de la question de religion.

« Il en était de même au xvi⁰ siècle, et voici quelques exemples cités par deux érudits du Gers : M. Tierny, archiviste départemental, et

M. l'abbé de Carsalade du Pont (aujourd'hui évêque de Perpignan).

« A la suite de l'édit de janvier 1651, l'église de Lectoure demanda aux magistrats du Sénéchal « qu'il leur soit baillé un lieu pour ensevelir leurs « morts. Après délibération, on désigne pour cet usage le cimetière du « St Esprit, situé derrière l'église de ce nom. »

« M. Tierny... ajoute, à propos de cette question des sépultures, que l'acte ici mentionné n'est pas le seul. Quelques jours plus tard, à propos d'un autre protestant décédé, nommé Labarthe, un sien cousin demande qu'il lui soit permis de [le] faire ensevelir « au temple du couvent des « Prescheurs hors la présente ville », où les ancêtres dudit Labarthe ont de tout temps été. ensevelis. Et, ce qui nous surprend davantage, c'est qu'il ajoute qu'il en a déjà parlé aux religieux du couvent et qu'ils y consentent. Dans ces conditions, l'autorisation demandée lui est accordée.

« M. de Carsalade fait observer qu'on a de nombreux exemples, au xvi° siècle, de protestants enterrés dans les églises. Il cite notamment le cas de Jeanne de Biran, dame de La Mothe-Goas, qui, dans son testament du 5 décembre 1592, demande à être ensevelie dans la chapelle de Notre-Dame de la Romionac, près la Sauvetat, au tombeau de ses prédécesseurs, *en la manière qui est observée entre ceux de la religion réformée*. Elle renouvelle cette prescription dans un second testament du 5 février 1600 (*Revue de Gascogne*, 1893, p. 186-188).

« Le fait d'une sépulture protestante dans un cimetière catholique restant, malgré tout, exceptionnel, on comprend cette intention, réalisée par Isaïe Mallar (ou Maillard), de marquer sa tombe (au moyen de la médaille en plomb). La perpétuité, que sembleraient assurer aux sépultures les règlements, les contrats et aussi la piété des générations nouvelles, n'est pas de ce monde. La ville d'Agen n'en a pas conservé une seule antérieure à 1789 qui soit reconnaissable à des signes extérieurs. Ruinée de fond en comble, la cathédrale St-Étienne a fait place à une halle, et des caves fraîches, pour la conservation des denrées, occupent l'emplacement des tombes des évêques d'Agen. Les tombeaux apparents de Jules-César Scaliger, de Charles de Montluc, etc., dans nos églises et dans nos couvents, n'ont pas été plus épargnés. Une inscription, fût-elle gravée sur l'argile, enterrée avec les morts, peut au contraire devenir, après des siècles, une révélation. Il est à regretter, non seulement au point de vue bien spécial auquel se placent les archéologues, mais aussi au point de vue de la décence, du respect dû aux anciennes sépultures, qu'on n'ait pas adopté généralement l'usage des croix d'absolution ou des médaillons pareils à ceux que nous venons de décrire. »

V

3 may 1599. — Testament de Léonard de Levrien, sieur de la Chapelle.

« Pardevant Phlippes Gillon et Simon Hurleur, nottaires royaulx résidens à Boullongne sur la mer, Léonard de Levrien (1), escuier, sieur de Quéhen et La Chappelle, a faict son testament et ordonnance de dernière volunté en la manière quy sensuil : Au nom de Dieu, moy Léonard de Leverien, escuier, sieur de Quéhen et de La Chappelle, estant au lict malade, et sainct d'entendement, sachant que fault mourir une fois, ay faict mon testament et déclaration de ma dernière volunté comme il sensuit : En premier lieu, je prie humblement le Tout-Puissant Dieu mon Père et Créateur », etc. (Formule copiée mot pour mot sur celle du testament de Charles de Wavrans, jusqu'à ces mots :)... « je veulx et entens par ceste miene disposition user desdicts biens que je laisse en la sorte quy sensuicte. » — Le testateur dispose alors en faveur de Jacques de Levrien, son fils aîné, Léonard, Michel, Marie, Françoise et Marthe de Levrien, ses enfants. — « Item je donne aux pauvres dix escuz quy seront paiez par mon filz Jacques à telles personnes qu'il verra estre plus nécessaire. — Admonestant mes enfans de vivre en concorde et amitié, et en le *(sic)* crainte de Dieu. » Fait à Boulogne, le 3 may 1599.

Codicile du 14 may, en faveur de « Anthoine de Levrien, son filz naturel qu'il a eu deppuis peu de jours. » Il lui laisse cent écus à payer par Marie, Françoise et Marthe de Levrien.

(Trois copies, l'une collationnée par Gillon, les deux autres par Luce et Hurteur. — Chartrier de Longvilliers.)

(1) Les Levrien ou Le Vrient sont une ancienne famille boulonnaise. Les ascendants de Léonard étaient très attachés au catholicisme, comme on en peut juger par les testaments de Jacques de Levrien, son père (14 février 1547, v. st.); Jehan d'Oultremepuis, prêtre à Boulogne, son grand-oncle (12 mars 1554, v. st.); Matthieu de Levrien, son oncle (22 septembre 1551); Jacques de Levrien et Barbe de La Potherie, ses grands-parents (5 mars 1542, v. st.); Ysabel Le Grand, sa bisaïeule (4 aoust 1533); Jeanne Le Volant, sa trisaïeule (8 octobre 1498). — Léonard était fils de Jacques Levrient, escuier, s^r de Quéhen, commissaire de l'artillerie, tué en 1553 au siège de Thérouanne, et de Blanche d'Oultremepuich. Élevé

dans le catholicisme, il passa à la Réforme lors de son mariage avec Judith de Wavrans (contrat sous seing privé du 5 février 1583; on y remarque après la formule, alors de style dans tous les contrats : « pour parvenir à l'alliance de mariage qui se fera suivant le bon plaisir de Dieu », l'absence des mots qui complétaient ordinairement cette formule : « *et en présence de sainte Église* »). Léonard mourut protestant, mais ses enfants semblent être retournés aussitôt au catholicisme : trois seulement survécurent : Jacques, mort en 1630 (peut-être est-il, seul, resté protestant), sans alliance; Marie, mariée le 23 may 1608 à Girault de Montbéthon, escuier, s[r] de La Seube, lieut. au Rég[t] de Navarre; Marthe, alliée 1° en 1613 à Bertrand du Four; 2° en 1627, à Anthoine de Lumbres, escuier, s[r] d'Herbinghem, plus tard ambassadeur de France en Pologne et en Allemagne. MM. de Montbéthon et de Lumbres étaient catholiques très fervents; le premier a laissé, dans son livre de raison, un récit enthousiaste de sa réception dans la Confrérie du Rosaire (4 août 1633), avec ses enfants; je note pourtant qu'il n'y parle pas de sa femme, et cependant celle-ci vivait encore en 1641. Quant à Mme de Lumbres, ses deux testaments, des 3 octobre 1614 et 15 décembre 1679, écrits à soixante-cinq ans d'intervalle, sont franchement catholiques. D'ailleurs, les trois contrats de mariage des demoiselles de Levrien contiennent bien la clause : « en face de Ste Église, catholique, apostolique et romaine. » (Chartrier de Longvilliers.)

VI

30 avril 1613. — Testament collectif de Charles des Essarts, seigneur de Maigneulx, gouverneur de Montreuil, et de Jehanne de Joigny, sa femme (1).

« Au nom du Père et du Fils et du Saint-Esprit. Sont comparus personnellement noble seigneur messire Charles des Essarts, chevalier, seigneur de Maygneux, gouverneur pour le Roy des ville et citadelle de Montreuil, commandant aux chevaux légers de la Reyne, et dame Jeanne de Joigny de Brequesan, son épouze, résident audit Montreuil, lesquels estans audit Maygnieulx, sains d'esprit et d'entendement, comme il est apparû aux notaires et tesmoins cy après nommez, et combien qu'ils soient par la grâce de Dieu en pleine santé sans aucune agitation de maladie, néantmoins considéré la briefveté de la vie humaine, qu'il est ordonné à tous de mourir, et l'heure de la mort incertaine, et désirant gratiffier l'un l'autre des biens qu'il a plû à Dieu leur donner et prester en ce monde, et ce

2

tant en considération de ce que la plus part [procède] de leurs acquests, que pour la mutuelle amitié qu'ils se sont toujours receue l'un de l'autre en touttes occasions, et pour pourvoir aussy aux enfants que Dieu a fait naistre en bon nombre (2) de leur mariage ; ils faisoient et de fait ont fait, dicté et nommé, dictent et nomment leur testament mutuel, devis et ordonnance pour dernière volonté, en la forme et manière qui ensuit :

« Premièrement ils ont rendu et rendent grâces à Dieu des bénéfices qu'ils ont receu de sa divine bonté, tant pour la conduitte de leurs âmes au chemin de salut, que pour les biens temporels que sa libéralité leur a départy, la suppliant très-humblement leur faire pardon et miséricorde, et associer leurs âmes après la séparation des corps, au nombre des bienheureux éleuz au royaume céleste. Remettant les formes et solemnitez de leurs sépultures, obsèques et funérailles, dons pieux et aumosnes à la discrétion du dernier vivant d'eux, sçachant qu'il s'en sçauroit bien acquitter, priant néantmoins que ce soit avec toute sorte de modestie, et sans pompe superflue ny excès. »

Ils partagent ensuite leurs biens entre leurs nombreux enfants. Le testament est passé devant André Lefort, notaire royal à Grandvilliers, le dernier jour d'avril 1613.

Un codicile a été ajouté à ce testament, sous la date du 3 février 1617. Les testateurs y prévoient le cas « où une ou deux desdittes filles entreroit en religion et en feroient les vœux », et stipule qu'en ce cas, « elles se contenteront de chacune cent livres de rente et pention viagère (3) ».

(Copie collationnée. Archives du château de Francières.)

.(1) Ce document est vraiment bizarre. Charles des Essarts était, comme son père et ses frères, catholique déclaré et ligueur intrépide. Il fut enterré en 1617 dans l'église Saint-Pierre de Montreuil ; sa pierre tombale existe encore, et son épitaphe en vers nous dit que :

« Sa vertu le rendoit fils dévot de l'Église ».

Sa femme était catholique comme lui et est inhumée à ses côtés. Ils ont donné à l'église du Hamelet, près Rue, des vitraux à leurs armes qui sont en partie conservés. Les preuves faites pour l'ordre de Malte en 1619, par leur fils Bertrand-Hercules, déclarent formellement que les parents du récipiendaire ont toujours vécu « noblement et catholiquement, suivant les ordonnances et constitutions de l'Église romaine ». Comment donc expliquer que le testament de M. et Mme de Maigneulx

soit entièrement conçu selon la formule protestante, qu'il ne contienne
aucune recommandation à la Vierge et aux saints, aucun legs pieux,
aucune fondation (ce qui, à l'époque, est tout à fait anormal)? Je ne
trouve qu'une seule explication plausible : c'est que le notaire Lefort,
rédacteur de l'acte, devait être protestant, et qu'il aurait employé la formule en usage dans sa religion.

Charles des Essarts était troisième fils de François, seigneur de Maigneulx, gouverneur de Montreuil, mort en 1591, et de Charlotte de
Hamel-Bellenglise. Il succéda en 1594, dans le gouvernement de Montreuil, à son frère aîné, Jacques. Son autre frère, Anne des Essarts, chevalier de Malte, fut tué en 1593 en assiégeant le château de Clenleu occupé
par les Huguenots (Voir ma notice sur *lès Gouverneurs de Montreuil de
la maison des Essarts de Maigneulx*).

(2) Ils avaient eu dix-huit enfants, dont dix sont nommés audit testament : Charles, Pierre, Hiérosme, Anne, Claude la jeune, Anne, Hipolite,
Bertrand, François-Hercule, Catherine; Jean, Conchine, et un troisième
non encore baptisé sont mentionnés au codicille de 1617 comme nés depuis
l'époque du testament.

(3) Cet article seul suffirait à prouver, au besoin, que les testateurs
étaient catholiques. Il n'en est pas moins étrange, je le répète, de ne voir
aucune fondation ou donation pieuse dans leur testament.

VII

17 janvier 1620. — Testament d'Isabeau de Guizelin, dame de Houden.

« Damoiselle Isabeau de Guisellin (1), femme de Anthoine de
Mansel, escuier, sieur de Houden, estant en son lict mallade,
néantmoins en bon entendement, considérant qu'il n'est riens plus
certain que la mort et incertain que l'heure d'icelle, a faict son testament comme enssuict :

« Premièrement elle a déclaré qu'elle rend son âme à Dieu son
père créateur, le priant luy faire grâce par Jésuchrist Nostre Seigneur, à quy elle prie de rechef la rechepvoir au nombre de ses
esleux et bienheureux. Item elle veult que aprez son décedz son
corps soit inhumé au chimetière de la religion réformée de Wissant (2). Item elle donne trente livres aux pauvres, à partir, sçavoir
quinze livres à ceulx de l'église de Guisnes, et les aultres quinze
livres à ceulx de l'église du Faïel (3). Et quant aulx biens temporelz
qu'il pleust à nostre Bon Dieu luy prester en ce monde mortel »

elle les donne à Jehan, Louis et Anthoinette de Mansel, ses enfants.
Elle élit pour exécuteur Jacques de La Rue, sieur de Bertinghem.

« Faict en la maison de lad. dam^lle testatrice, pardevant Anthoine
Le Vasseur, notaire roïal, en présence dud. sieur de Bertinghen et
Berthélémy Lallier, escuier, sieur du Cly, tesmoings appellez faulte
d'aultre notaire, le xviie jour de janvier 1620. »

(Minute originale. Étude de Me Adam, notaire à Marquise.)

(1) La famille de Guizelin était une des principales familles réformées
du Boulonnais. On voit encore, dans l'ancien manoir des Barreaux en
Réty, qu'elle habita longtems, les noms de LOVIS DE GVEISELLIN
IVDIC DE LICQVES 1617, avec leur devise, qui semble empruntée aux
psaumes de Marot : EN VN SEVL DIEV M'ATENS, QVI ME RENDRA
CONTENT. — Le pasteur Jean Auber faisait l'office au château des
Barreaux en juin 1584; accompagné des châtelains et du s^r de Guizelin, il
en partit pour aller à Nielles-lez-Ardres; et lorsque, le 28 avril 1585, un
soudard nommé Fléchicourt tenta d'assassiner le ministre, il en fut em-
pêché par la présence du seigneur des Barreaux et d'autres gentilshommes
calvinistes; on sait qu'il revint à la charge quelque temps après et tua
le malheureux prédicant (Alph. Lefebvre, *Un crime impuni*, journal *La
France du Nord*, 24 mars 1895). — Le 2 mai 1624, Judith de Licques, veuve
de Louis de Guizelin, sieur des Barreaux, fait son testament. Elle nomme
pour tuteur de ses enfants Louis de Guizelin, sieur de Fromessent, frère
consanguin auxdits enfants, et pour curateur, Pierre de Licques, sieur
des Osteux, son frère, « lesquels auront le gouvernement desdits enfans
pour les faire mettre à pensions avec personnes de la religion d'icelle
demoiselle, afin qu'iceux enfans soient instruits en icelle; et même donne
charge audit Desotteux de les marier avec personnes de ladite religion,
priant ledit de Fromessent de l'aider en cela ». Elle lègue 100 livres à
S. Caulier, fille de Mr Caulier, ministre en sadite religion, et déclare
qu'elle a envoyé en Zélande 600 livres pour risques sur la mer, et qu'elle
a signé par le moyen de F. Benze (Bance?), marchand à Calais, à la
Compagnie des Indes Occidentales, 1200 livres pour elle et 600 livres
pour ledit Caulier (Landrin, *op. cit.*, t. I, p. 29; et notes mss. du Dr Cuisinier, communiquées par M. Vaillant). — L'une des filles de Judith de
Licques, Anne de Guizelin, épousa le 13 juin 1624 J. Destailleurs, s^r de
Questebronne, à Réty (Mêmes notes). — Augustin de Guizelin, écuyer, sieur
des Barreaux (fils de Judith de Licques), est cité à chaque page des Registres
du Temple de Guines, ainsi que ses filles : 1° Marie, alliée le 14 novembre 1674,
à George de Roccolfingh; morte le 1er janvier 1674, à 27 ans; 2° Suzanne,

mariée le 7 janvier 1680, à Paul de Harlande. — « Jean de Gueisellin, âgé de 20 ans, fils d'Augustin de Gueisellin, écuyer, seigneur des Barreaux, etc., et de dame Élizabeth du Mont, a esté tué par les ennemis sur le chemin de Rochelin à Guisnes le 3e (avril 1676). » (Registres du Temple, pp. 117, 172, etc.). — En 1679, testament de Marie de Guizelin; elle veut être enterrée avec ceux de la R. P. R., et a pour héritiers J. Destailleurs de Questebrune, son neveu, et A. de Guizellin, sr des Barreaux, son frère (Notes Dr Cuisinier). — Le 11 mars 1690, Isaac de Guizelin, écuyer, sr de La Pipennerie, demande les biens de Damlle Marie de Guizelin, sa tante, sœur de David de Guizelin, écuyer, sr des Barreaux, fugitive du royaume pour n'avoir voulu abjurer le protestantisme (Abbé Lefebvre, *op. cit.*, p. 233). — Même réclamation de César-François de Guizelin, sieur de St Maur, pour les biens de sa tante, Marie de Guizelin, qui avait épousé George de Roccolfing (Vaillant, *op. cit.*, p. 13). — Un état des huguenots du Boulonnais, dressé en 1697, mentionne encore : à Rèty, le sr des Barreaux (*Id.*, p. 17). — Il subsiste encore plusieurs branches de la famille de Guizelin; toutes sont catholiques aujourd'hui.

Quant aux Mansel, quelques-uns d'entre eux ont aussi professé le protestantisme. Le 30 septembre 1630, Philippe de Mansel, escuier, demeurant en la paroisse de Wissant, ratifie la donation par lui ci-devant faite aux Réformés dudit lieu, d'une portion de terre audit Wissant pour leur servir de cimetière; donation agréée par le sénéchal du Boulonnais et les mayeur et échevins de Wissant. Il veut être « enterré et inhumé dans ladite cimetière ci-dessus par lui donnée, entre les corps de défunt Monsieur de La Chapelle (Léonard de Levrien) et Mademoiselle de Houden » (Isabeau de Guizelin, femme d'Anthoine de Mansel, sr de Houden). Il teste le 10 avril 1632 (Voir ces deux actes reproduits par Landrin, *op. cit.*, t. III, p. 80). Antoine de Mansel, époux d'Isabeau de Guizelin, demeurait à Wierre-Effroy en 1625 (*Id.*, t. I, p. 30). On ne sait s'il partageait la religion de sa femme. En tout cas, on voit encore aujourd'hui sur l'emplacement de l'ancienne église de Sombres (Wissant) les dalles funéraires de : Marie du Haubert, veuve de Philippe de Mansel, escuier, sr du Vivier († 1632); Pol de Mansel, leur fils († 1633); Jean de Mansel, escuier, sr du Vivier († 1657), qui fonda deux obits en l'église de Sombres; Louis de Mansel, escuier, sr de Nonviller (16...), et Hippolyte, son fils († 1635?) Jean et Louis sont certainement les enfants d'Ysabeau de Guizelin; il est donc prouvé qu'ils étaient catholiques.

(2) Le cimetière en question est celui que Philippe de Mansel avait donné, comme il est dit ci-dessus; l'acte de donation précise qu'il est « joignant d'une liste à la cimetière ordinaire dudit lieu, d'autre liste au chemin qui conduit de l'église de Sombre en Wissant à Calais », etc. (Lan-

drin, *loc. cit.*). — « A Coulogne, à Alembon, à Liembrune, à La Haye, à Estréelles, on rencontre, de même qu'à Hames et dans de nombreux hameaux et villages, des cimetières destinés à recevoir la dépouille mortelle des religionnaires qui s'étaient groupés sur les terres de quelques seigneurs de leur persuasion ou aux environs de quelque *prêche* particulier. La plupart des membres de ces petites églises se laissaient enterrer non loin du lieu où ils avaient eu l'habitude de se réunir à leurs frères pour prier en commun et pour entendre la lecture et l'explication des Saintes Écritures de la bouche de quelques ministres de passage, et, à leur défaut, de celle d'un ancien. Quant aux sacrements du baptème et du mariage, ils ne les recevaient que dans les Temples publics et régulièrement constitués; c'est par exception que les enterrements se faisaient dans le cimetière de l'église consistoriale : le plus souvent cette translation des corps n'avait lieu qu'en exécution d'une volonté nettement exprimée dans un testament. S'il y eut des baptèmes et des mariages à Alembon, qui était terre française, ce fut pendant la guerre ou la persécution, ou parce que les familles qui réclamaient ce sacrement habitaient sur la terre étrangère : c'est ce qui ressort des exemples rapportés par M. le pasteur Frossard dans son *Église sous la Croix pendant la domination espagnole, Chronique de l'Église réformée de Lille.* » (Note de M. V.-J. Vaillant).

(3) **Le Fayel**, près Étaples; fief aux Rocquigny, qui y avaient un prêche (Voir pièce VIII).

VIII

23 avril 1626. — Testament de Marthe d'Ostove, dame de Rocquigny.

« Au nom de Dieu, nous dame Marthe d'Ostove, femme et espouze de Messire Ambroise de Roquigny (1), chevalier, seigneur de Palcheu, estant au lict malade, saine d'esprict et entendement, voullant faire son testament et ordonnance pour dernière volonté, révoquant tout aultre qu'elle pourroit avoir faict auparavant cestuy présent, lequel elle veult et entend sortir son plain et entier effect en la forme et manière quy senssuict :

« Primes :

« Elle donne son âme à Dieu son père créateur, à la Saincte Trinité de Paradis, requérant et implourant le remède et mérite de la Passion de Nostre Seigneur Jésus Christ, nostre Rédempteur et média-

teur et propiciateur, recongnoissant son salut estre et provenir de la
réfugion de son précieux sang. Et quand à l'inhumation de son
corps après son décedz, elle le remet à la discrettion de son exécuteur testamentaire cy après nommé, comme en samblable tous
les légatz pieux et relligieux, et le tout sans aulcune pompes et
sérimonies et le plus simplement que faire se pourra. Et pour le
regard de ses biens temporel qu'il a pleu à Dieu luy donner et
prester, elle en dispose comme il enssuit :

« Assçavoir elle a déclairé qu'elle a donné et donne par ces présentes, sy tost l'âme séparée de son corps, aulx enffans de Messire
Jacques d'Ostoves (2), seigneur de Faucqueberge, et aulx enffans de
damoiselle Marie d'Ostove, femme et espouze de Phles d'Aneu (3),
escuier, sieur dud. lieu, ses nepveux et niepces, ung quind datif sur tous
ses héritages tant féodaux que patrimoniaux. Plus donne encore icelle
dame trois ans le revenu de tous sesd. héritages et cottiers à sesd.
nepveux et niepces, enffans desd. sieur de Faucqueberge et d'Aneu,
pour en jouir immédiatement son trespas advenu, selon et ainsy
qu'il luy est permis faire par la coustume de ceste comté de Boull-
lenois : sçavoir ung tiers desd. revenu et quind datif aulx enffans
dud. sieur de Faucqueberge, et les aultres deulx tiers aulx enffans
dud. sieur d'Aneu ; à la charge de par lesd. enffans donnataires paier
pendant lesd. trois ans, chacun à leur portion, les rentes et renvoy
à quoy lesd. imeubles cy dessus légatez sont affectez. Au regard de
sa maison et terre scituée au village de Clenleu, ainsy qu'elle se comprend et estend, et sans aucune chose en réserver, icelle dame testatrice déclaire qu'elle en faict don aux filles dud. seigneur d'Aneu.
Et arrivant que l'une desd. filles vinent (sic) à décedder sans enffans
proceddé en légitisme mariage, l'intencion d'icelle dame testatrice
est, et comme c'est sa volonté, que les survivantes d'entre eulx
hériteront de la part de la première ou seconde mourante d'entre
eulx, qu'ilz partageront esgallement. Quand à sa chaine d'or, quy luy
provient de feu Madame de Cleneleu (six), sa mère, elle en faict don
par ces présentes à lad. damoiselle Marie d'Ostove sa sœur, femme
dud. sieur d'Aneu ; à la cherge et condition que, après le décedz
d'icelle damoiselle Marie d'Ostove, lad. chaine retournera à damoiselle Marthe d'Aneu sa fille, fillœulle d'icelle testatrice, de sorte que
icelle damoiselle donnatrice ne pourra disposer de lad. chaine d'or
aultrement que la laisser, comme dict est, à sad. fille. Pour sa chaine
de perle, elle a déclairé qu'elle la donne à Marthe d'Ostove, sa
niepce et fillœulle, fille dud. sieur de Faucquebergue. Pour son tour
de perles quy luy provient de deffunte Mademoiselle de Cleneleu

sa tante, icelle testatrice déclare qu'elle en faict don à damoiselle Jhenne d'Aneu, aussy sa niepce. Item elle a encore déclairé qu'elle donne à damoiselle Anne de Roquigny, femme et espouze du sieur [du Tertre] d'Escœufen, son poinsson de pierryes. Item donne à damoiselle Anthoinette Chinot, fille de Monsieur du Val de Hourret, sa cousine (4), ses brachelletz de perles avec du gaiet noir. Plus déclaire qu'elle donne encore à lad. damoiselle d'Aneu sa sœur une robbe et une cotte à choisir entre touttes les siennes quy se trouveront après son trespas. Item donne encore à lad. damoiselle d'Escœuffen cy dessus nommée, une cotte et une robbe qu'elle pourra choisir après que lad. damoiselle da Neu (*sic*) aura pris la sienne, selon qu'il est dict cy dessus. Item donne à damoiselle Jacqueline de Roquigny (5), fille dud. sieur de Palcheu, une cotte de sattin bleu et une robbe à choisir après lad. damoiselle d'Escœuffen. Item une aultre cotte et une robbe, qu'elle donne sçavoir la robbe à Mademoiselle de Faucqueberge, et la cotte à sa fille. Item donne à damoiselle Ysabeau de Roquigny (6), aussy fille dud. sieur de Palcheu, ung dragoir d'argent dorré. Item ung aultre dragoir d'argent provenant de feu Madame de Clenleu, sa mère, elle la donne encore à lad. damoiselle d'Aneu sa sœur. Item une tavalolle par carré en broderye et ouvrage de rebor, elle déclaire qu'elle en faict don à Monsieur de Clenleu, son nepveu. Item les carreaux et le tour d'une aultre tavaillolle preste à monter, elle la donne et laisse à Monsieur du Faïel (7), filz aisné dud. sieur de Palcheu. Item donne encore à lad. damoiselle d'Aneu ung drap d'ouvrage de lassy par bendes. Item ung lict aussy de lassy de rebort, elle le donne à la fille aisnée dud. sieur d'Aneu sa niepce. Item donne encore aud. sieur du Faïel cy dessus nommé une escuelle d'argent. Item donne à dam^le Suzenne de Roquigny (8), aussi fille dud. sieur de Palcheu, une robbe de camellot viollet, quy est encore Abbeville, chez le tailleur; plus une escharpe de taftace blancq, avecq une dentelle d'or, à Jacques de Roquigny (9), filz dud. seigneur de Palcheu. Item ung cotillon de vellour tanné quannellé, elle le donne à Mademoiselle d'Aquest (10), aussy fille dud. sieur de Palcheu· Item sa chaine de fin grena quy est en deux, elle en donne la moityé à dam^lle Magdelaine da Neu, et l'autre moityé à lad. damoiselle Ysabeau de Roquigny cy devant nommée. Et au regard de ses aultres habitz, bagues, joiaux et aultres espesses et mœubles dont il se trouvera qu'elle n'aura disposé par ces présentes, elle veult et entend que le tout se partagera esgallement entre les enffans desd. sieurs de Faucqueberge et d'Aneu, et les enffans dud. sieur de Palcheu, aultant à l'ung comme à l'aultre; sauf une petite croix de ruby, venant dud. sieur de Palcheu, qu'elle donne à Mademoiselle du Four (11), demeurant à Monstreul, pourveu touteffois que led. sieur de Palcheu l'ait pour agréable. Plus déclaire lad. testatrice qu'elle donne *aulx pauvres de !l'Église Réformée recœulye en Boullenois*, particullièrement ceulx quy sont résident au village de Clenleu, Bimont, que aultres pauvres femmes vefve desd. villages, la somme de soixante livres 'pour une fois, que sesdictz nepveux et niepces donnataires dud. quind datif et revenu de trois ans seront tenuz paier ; avecq la somme de trente livres aussy pour une fois à son fillœul Lendé (12). Eslizant lad. dame pour son exécuteur testamentaire des personnes desd. sieur du Val cy devant nommé, et M⁰ François le Sueur, conseiller du Roy et son lieutenant en la maistrise des eaues et forest de Boullenois, 'dem¹ à Boullongne, ses parens et bons amis, lesquelz elle supplie avoir soing et prendre la paine que ce présent son testament soit exécuté selon sa forme et teneur. Et à ces conditions, icelle dame a signé le présent testament après qu'elle l'a dité mot après aultre, et qu'il luy a esté leu et releu par l'un desd. nottaires, l'aultre présent, le vingt-troisiesme jour d'apvril mil six cens vingt six, quatre heures de relevée, pardevant Jacques du Crocq (13) et Claude Meignot, no^res royaux au Comté de Boullenois, dem¹ à Estappes, et ont signez.

(Acte non signé. — Archives personnelles.)

(1) La famille de Rocquigny est originaire du pays de Caux. Robert de Rocquigny, seig^r de Palcheux, près Dieppe, brave et loyal capitaine (*a*), honoré de l'estime de Henri IV (qui lui écrivit plusieurs lettres encore conservées dans la famille) (*b*), épousa Anne d'Aigneville, dame du Fayel en Boulonnais (contrat du 1er novembre 1574), dont la mère était Jacqueline du] Tertre. Leur postérité a toujours conservé le Fayel jusqu'à ce jour. Marthe d'Ostove était la seconde femme d'Ambroise de Rocquigny, fils de Robert et d'Anne d'Aigneville, et veuf en premières noces d'Anne Le Carlier. Quelques années après la mort de sa seconde femme, Ambroise abjurait le protestantisme, comme l'indique ce passage des Mémoires de Pierre Maslebranche, chapelain de la Cathédrale de Boulogne : « 1632. Le 5 juillet, Mesire Victor Boutilier, encore évêque de Boulogne, fut chez M. le Sénéchal (à Neufchâtel), afin de catéchiser et recevoir en n. s^te reli-

(*a*) Voir les Mémoires de Sully, qui en parlent avec avantage à diverses reprises, et le qualifient « officier calviniste ».

(*b*) Publiées en 1868, *Bull. Société Acad. de Boulogne*, t. I, p. 352, par l'abbé D. Haigneré.

gion M. de Palcheu, gentilhomme Boulenois, qui abjura son hérésie, et ceux de sa maison, sauf le cocher, et fit profession de foy entre les mains dudit seig[r] évêque, avec les cérémonies en tel cas requises et accoustumées. » L'événement fit du bruit, et Renaudot en parla dans la *Gazette de France* en ces termes : « 12 juillet 1632. Le sieur de Palcheul, gentilhomme le plus qualifié de ceux qui faisoyent profession dans le Boulonnois de la religion prétendue réformée, et chez qui se faisoit le prêche, vient d'être converty par l'évêque de Boulogne à la foy catholique. » Année 1632, p. 276. (Cité ap. *Bulletin de la Soc. Académ. de Boulogne*, t. II, p. 552-553). Depuis cette époque, la famille de Rocquigny en Boulonnais est toujours restée catholique, et la chapelle du Fayel, où se faisait le prêche, fut affectée au culte de l'Église romaine. La seule personne de la famille, restée protestante, fut Anne de Rocquigny, fille d'Ambroise et d'Anne Le Carlier, mariée en 1625 à Isaac du Tertre d'Escœuffen ; elle est citée le 31 décembre 1669 comme témoin à la sépulture de... du Tertre dam[lle] du Menil. (Reg. du Temple de Guines, p. 21.) Cependant une autre branche, restée en Normandie, demeura attachée au protestantisme ; car j'ai lu ce qui suit dans le catalogue de la librairie Voisin (novembre 1893) : « 10874. Famille de Rocquigny. Plaidoyer du 28 juillet 1694. Dans la cause des administrateurs de l'hôpital général étant aux droits du légataire universel de Guillaume de Rocquigny, la marquise de Gamache et autres. — In-4° de 25 p. broché. — Discussion relative aux biens des Rocquigny, famille normande réfugiée en Angleterre au xviie siècle. »

(2) Sur les d'Ostove, voir ci-dessus acte n° IV. L'acte du 26 septembre 1576 (n° I) prouve que Guillaume d'Ostove était déjà protestant à cette époque. Bertrand d'Ostove, marquis de Clenleu, maréchal de camp, tué le 8 février 1649 au combat de Charenton, et neveu de Mme de Rocquigny, était certainement catholique, car son tombeau existe encore à la Chartreuse de Neuville-sous-Montreuil. Il fut le dernier du nom. Son éloge funèbre, en plaquette in-4° de 7 pp., constitue une curieuse mazarinade. On connaît aussi de ce personnage un portrait gravé.

(3) D'Anneux, famille du Cambrésis qui portait *d'or à trois croissants de gueules* et remontait à Enguerrand, sire d'Anneux en 1096. (Voir la généalogie dans Le Carpentier, *Hist. du Cambrésis*.)

(4) Antoinette Chinot était petite-fille du lieutenant général de la Sénéchaussée du Boulonnais, Antoine Chinot, écuyer, seigneur du Val d'Hesdene, Fouquehove, etc., et de Jacqueline d'Ostove ; cet Antoine est le grand ennemi des réformés, que nous avons vu en 1576 refuser d'entendre les doléances des gentilshommes protestants, et en 1561 massacrer les huguenots à La Haye. Fille de Claude Chinot, écuyer, gentilhomme de

la chambre du Roi, et de Benoîte de Caboche (mariés en 1611), Antoinette épousa en premières noces Gilles du Blaisel, chevalier, baron de Lianne, en secondes noces Antoine de La Villeneufve, chevalier, sieur de Chambourg.

(5) Jacqueline de Rocquigny épousa Jean de La Wespierre, chevalier, seigneur de Mieurre (protestant).

(6) Ysabeau de Rocquigny épousa N... de Bigant de Berminy, sergent-major au régiment du sieur d'Espaigny, 1635 (catholique).

(7) Robert de Rocquigny, chevalier, seigneur de Palcheux, Imbleval, le Fayel, Étaples, épousa le 30 mars 1636 Louise de Patras de Campaigno (catholique).

(8) Suzanne de Rocquigny épousa N... de Bellozanne, chevalier.

(9) Jacques de Rocquigny, écuyer, sieur d'Étaples, mort sans alliance.

(10) Marie de Rocquigny, alliée le 2 février 1626 à Pierre de Montmorency, chevalier, seigneur d'Acquest, Gueschart, Villeroy en partie (protestant).

(11) Marthe de Levrien, plus tard Mme de Lumbres (voir à la pièce V).

(12) Lendé, vieille famille de paysans de Clenleu, très attachée au protestantisme. Les registres du Temple de Guines contiennent 19 actes d'état-civil relatifs aux Lendé, 1671-1685. En 1725, Jacques Lendé est encore signalé dans un rapport du curé de Clenleu comme l'un des trois huguenots de la paroisse :

« Il y a trois huguenots, dont deux dans Clenleu et un dans le secours (Bimont), sçavoir Jacque Lendé et Abraham Hodiquet, qui viennent quelquefois à la messe, mais ne font pas leurs devoirs paschales ; ils sont mariés et ont famille, mais leurs femmes et leurs enfans sont catholiques ; la troisiesme est une fille nommée Susanne Senleque ; elle n'est pas mariée et elle a des domestiques qui font leurs devoirs ; quant à elle, elle n'en fait rien et elle est fort attachée à la religion [*réformée*] ; mais les deux autres n'ont aucune religion » (Arch. P.-d.-C., G. 31, f° 162).

Les registres de catholicité de Clenleu contiennent deux actes sur les Lendé et les Haudiquet, que je crois devoir citer ici :

« Le trentiesme novembre mil six cent quatre vingt cincq, a esté baptizé dans cette église de Clenleu Thérèse Austreberte du Crocq, fille de Daniel et d'Anne Lendé, sa femme, tous deux encore de la Relligion P. R., née de légitime mariage le vingt trois de ce pñt mois à douze heures de mydi. Le parrein Pierre Du flot et la marreine Péronne Patté. — H. Ohier, curé de Clenleu. »

« L'an de grâce mil six cens quatre vingt huict, et le trentiesme jour de février, après les fiançailles solemnisé le vingt six desdits mois et ans en pñce des tesmoins soubsignés et après trois publications légitimes et selon la coustume, je soubsigné curé des églises de Clenleu et Bimon aye solemnellement dans cette église de Bimon, par parolles de pñt, conjoints en mariage Abraham Haudicquet, de cette paroisse, et Anne Boucher, de la paroisse de Clenleu, et leur aye donné la bénédiction nuptiale pendant la messe en pñce d'Anthoine Boucher et Jeanne Senlecque, père et mère de lad. Anne Boucher; Michel Guilbert; Madamoiselle Cormette et Madamoiselle Magdelaine de La Rue sa fille, comme aussi de Mᵉ François Gallot sʳ (*sic*) et sa femme, tous parens et amis de lad. Anne Boucher, comme aussi de Pierre Lendé, Philippe Danel, Paschal Morvilliers, tous paren, et bons amis dud. Abraham Haudicquet, et ont signé : Anthoine Boucher. — Abraham Hodicquet. — Anne Boucher. — F. Gallot. — Magdelainne de Lattre. — Magdelainne Catherine de La Rue. — Marque dud. Pierre Lendé. — Marque dud. Philippe Danel. — Jean Bouchez. — H. Ohier. »

L'État des huguenots du Boulonnais en 1697 cite : « Remonderie, hameau de Clanleu : Pierre Lendel, Jean Lendel, frère; Abraham Haudiquet, garçon, mère, sœur. Daniel Ducrocq, sa fille, femme. Simon Remortier. — Clanleu : Charles Landé, sa femme, 4 enfans, Jacques Fournier, garçon. » Et plus loin : « A Clenleu : Deux Candés (*sic*) ont épousé 2 catholiques; faut sçavoir si font leur debvo'r ». (Vaillant, *op. cit.*, pp. 16-17).

A propos de cet état, disons que M. Vaillant, après avoir cru à une erreur de copiste et avoir attribué à cet acte la date de 1679, a reconnu que celle de 1697 était bien exacte; voici une note qu'il m'a remise : « La date de 1697 est correcte. J'ai pu constater que Philippe de Haffrengue s'était marié au Temple de Guines, le 27 décembre 1684 avec Anne de La Croix, de Boulogne, et que le père de la nouvelle mariée était décédé à la date de ce mariage. Si l'aîné de ses enfants, mentionné au second état, avait 12 ans au moment où cette liste fut dressée, il a dû naître en 1685, c'est-à-dire l'année qui suivit le mariage. »

Clenleu fut un centre assez important de protestantisme; les fameux imprimeurs Senlecque en étaient originaires. Voir les Registres du Temple de Guines, tables, aux noms Lendé, Latteur, Le Jeune, Du Crocq, Senlecques, Goddé; cf. aussi Landrin, *op. cit.*, t. II, pp. 124-126.

(13) Du Crocq, famille de notaires protestants d'Étaples. Pierre du Crocq, qui devait être fils de Jacques, abjura en 1680 à Mont-Cavrel :

« Ce jourdhuy vingt deuxiesme jour de septembre et le troisiesme dimanche dud. mois de l'an mil six cent quatre vingt, Pierre du Crocq, nottaire royal et procureur résident en la ville d'Estapes, à l'issue de la messe paroissiale de l'église de Montcavrel, ayant vescu jusqu'à présent dans l'hérésie et dans la religion prétendue réformée, touché de componction et venant à résipiscence par la miséricorde de Dieu, a fait abjuration solemnelle de lad. hérésie en laquelle ses parens l'avoyent eslevéz, et a embrassé de bon cœur, selon qu'il nous a paru, la religion catholique, apostolique et romayne, en laquelle et moyennant la grace de Dyeu, il a protesté, affirmé publiquement et juré sur les S^tes Évangiles de vouloir vyvre et mourir, pardevant moy curé de Montcavrel soubsigné, par ordre exprès de Monseigr de Boulongne. — (Signé) du Crocq. — Le Sergent. — Le Tellier pbre. — Le Cat pbre. » (Registres de catholicité de Mont-Cavrel).

Je ne sais si ces Du Crocq étaient de même souche que les Du Crocq d'Imbrethun, de Montreuil: Je trouve cependant en 1626 : « Adrien du Crocq, *recepveur de l'église de Longvilliers*, et Jacques du Crocq, *son fils*, procureur et notaire royal à Estaples » (Minutes des notaires). Ils n'étaient donc pas protestants à cette époque ???

IX

8 novembre 1632. — Bail du château de Course.

« Furent présens... M[essi]re Arthus de Maureul (1), chlr, s^r de Cauminil, gouverneur des villes et chitadelle de Rue, aiant pouoir de dame Magdelaine de Maureul, v^e de feu Mre Jacques de Laue, ch^r s^r dudit lieu [de] Cours et autres lieux, et Jacques de Quandalle, lab^r, deml à Besinghen.... recongnurent ledit s^r avoir baillié à tiltre de ferme et louage audit de Quandalle la cuisine, la chambre de desus la porte, la grosse tour et l'autre proche icelle, le tout dans le chasteau dudit Cours avecq le pigeonnier, la basse court et jardins dudit chasteau, avecq tous les pastures et terres labourables [en] despendans, et prey d'icelluy, sans aulcune chose en excepter... sinon le grand corps du logis dudit chasteau, pour de tout... joïr, user et prouffiter le temps... de trois, six ou neuf ans, à la charge d'en rendre la somme de 800 liv. ts. Pourra et sera loisible audit preneur de passer et rapasser dans la salle dudict chasteau pour porter ses grains dans les greniers d'icellui et les remporter quand il vouldra, sans faire aulcun mesnage dans ladite salle pour ce qu'elle est réservée pour y tenir la preche à ceulx de la Religion...

« Faict et passé en l'abaïe de Doudeauville, le huictiesme jour de novembre 1632, par devant Pierre Lefebvre, notaire à Desvrene, en présence de M⁹ Thomas Gantier, receveur de la sgrie de Cours, et de François de Quendalle, père dudit preneur ...à ce présent Messire Wallerand Breuet, pbre, abbé dudit Doudeauville.

Artus de Mor[euil]. Breuet.
Jacque de Quendalle. François de Quendalle.
T. Gautier.

(2 ff. pᵗ in fᵒ papier. — Copié sur l'original par M. A. de Rosny, 1894, et communiqué par lui à M. Vaillant).

Ce document vient d'être publié par M. A. de Rosny, dans le *Bull. Société Acad. de Boulogne*, t. VI, 1904, p. 566.

(1) On n'a aucun indice qu'Arthur de Moreuil ou les siens aient fait pro-fession de la religion réformée. Quant à Jacques de Laue, sʳ de Cours, ce personnage m'est tout à fait inconnu.

Les Moreuil-Caumesnil étaient une branche de la célèbre famille de Soissons-Moreuil.

X

4 octobre 1645. — Testament de Guillaume Gourdin.

« Au nom de Dieu, ainsi soit-il. Guillaume Gourdin (1), mᵉ chirur-gien demᵗ en ce bourg de Marquise, estant au lit [malade], néanl-moins en bon et seing entendement, [considérant] quy n'est riens plus certain que la mort, et incertain que l'heure d'icelle, pour ce il a déclaré quy voulloit faire son testament et ordonnance de dernière voullunté, voullant icelluy sortir son plain et entier effect comme enssuit :

« Premièrement il a déclaré quy rend son âme à Dieu son père créateur, le priant luy faire grace par Jésuschrist Nostre Seigneur, à qui il prie le voulloir recepvoir au nombre de ses esleux et bien heureux. Premièrement il a déclaré quy donne 30 livres aux pauvres de l'église réformée de Guisne, et 100 sols aux pauvres de l'église du bourg de Marquise (2); cent sols quy seront délivrés et partagés par Marguerite Queval; à Pierre (?) Gourdin son fils, le bastiment et jardin qu'il a hérité de Jehan Houbronne, etc., etc. — Faict par-devant Anthoine Le Vasseur, notaire royal, en présence de Jehan-Jacques du Puis et Paul Barbier, marchands demeurans en ce bourg de Marquise, le 4ᵉ jour d'octobre 1645. »

Codicille à la suite, du 19 décembre 1646, révoquant purement et simplement le testament.

(Minute originale. Étude de Mᵉ Adam, à Marquise).

(1) Guillaume Gourdin, *chirurgien*, était-il de la même famille que Dom Michel Gourdin, bénédictin, né en 1641, fils d'un *chirurgien* de Montreuil, profès en 1660 et mort dans l'abbaye de Saint-Remy de Reims, le 27 septembre 1708? Ce religieux, qui en 1679 était trésorier d'une abbaye de son ordre à Saint-Pol (?), s'acquit une grande réputation par ses sermons. Il est auteur d'une apologie pour le prince Guillaume Égon de Furstemberg, injustement arrêté à Cologne par les troupes de l'empereur Léopold, étant plénipotentiaire de l'Électeur pour la paix qui se traitait en cette ville (1674). (Dom Tassin, *Hist. littér. de la Congrég. de St-Maur*, p. 272). En 1677, Dom Gourdin essaya vainement d'introduire la réforme de Saint-Maur dans l'abbaye de Saint-Saulve de Montreuil; après de longues péripéties, l'abbé commendataire, Henri Testu, et le lieutenant général Enlart le firent arrêter et exiler; le récit très curieux de ses aventures en cette circonstance est contenu dans le ms. lat. 12595 de la Bibliothèque nationale, fᵒ 269 et sq.; cette relation offre la particularité d'être rédigée en deux parties par deux auteurs différents, dont le premier est favorable à Dom Gourdin, tandis que le second lui est hostile. — Philippe Gourdin, *chirurgien*, marié le 27 novembre 1655, à Adrienne Condette, de La Calloterie (Registres de catholicité de Montreuil, paroisse Notre-Dame), était peut-être fils de Guillaume.

(2) A la place de ce dernier membre de phrase, le rédacteur a biffé celui-ci : « Aux pauvres de lad. église quy sera au bourg de Marquise ».

XI

29 janvier 1676. — Testament de Jean Lamiable, protestant français réfugié en Angleterre, et nomination d'exécuteur testamentaire par l'archevêque de Cantorbéry.

« Pour mon Compère Blondel.

« Mon Compère, estant au lict malade, hors d'estat de pouuoir escrire moy-mesme mes dernières volontéz, j'ay prié un de mes amis de les coucher par escript. Je vous ay dict autre fois que j'estois dans le dessein de donner la partie de rente dont vous auéz le contract entre vos mains à mes cousines Marie et Judith de La Croix et à leurs Héritiers, estant fasché de ne pouuoir rien faire pour elles davantage, c'est là ma dernière volonté, leur donnant la dicte rente de bon cœur. L'Amiable (1), Du Plessis, Montargyer.

> « *Translated out of French.*
> « For my Gossipp Blondel (2).

« Gossipp, being sick abedd and not in a condition to write my selfe my last will, I have desired one of my freinds to sett it downe in writing. I told you formerly that I had a minde to give the Annuity (the contract whereof is in your hands) to my cozens Mary and Judith de La Croix, and to their Heires, being very sorry that I can doe no more for them. This is my last will, giving them the said Annuity very heartily. L'Amiable, Du Plessis, Montargyer. Truely translated by me John James Benard.

« Memorandum that on or about the nine and twentieth day of January (English style) 1676, John L'Amiable late of the parish of St-Martin in the feilds in the County of Middlesex, gentleman, being then of perfect minde and memory, did make and declare his codicill nuncupative in the words following (vizt) speaking to master Benjamin Du Plessis and Master John Montargier said : Messieurs, Comme vous estes mes meilleurs amis et que vous sçavez toutes mes affaires, je vous déclare qu'aprez que mes petites Debtes seront payées, je donne à Madmoiselle Michel (3) un habit de drap gris auec des boutons d'orfévrerie, une casaque rouge et dix livres sterling, je donne le reste à mes cousines. Which being translated in English is : Gentlemen, as you are my best freinds, and that you know all my affaires, I declare unto you that after my small debts are paid, I give to Mrs Michell a suite of cloths of gray cloth with silver plate buttons, a red coate and ten pounds sterling. I give all the rest to my cozens. (Meaning and speaking Mary and Judith De La Croix, mentioned in the said deceaseds writen will hereunto annexed.) Which words or words to the same effect hee the said deced (*sic*) uttered and spake with an intent and purpose that they should stand for and be as part and as a codicill of his last will and testament, in the presence and hearing of the above said Master Du Plessis and Master Montargier. Benjamin Du Plessis, Jean de Montargyer. Decimo quinto martii 167$\frac{6}{7}$ dicti Benjaminus du Plessis et Johannes Montargier testes hujus codicilli nuncupativi jurati super veritate præmissorum coram me : Rich : LLoyd : Surr. ».

(Parchemin calligraphié. A cet acte est affixé le suivant par un lacs de parchemin [4]).

Gilbertus providentia divina Cant[uariensis] Archiep[iscop]us,
totius Angliæ primas et metropo[lita]nus, dilect[æ] nobis in χρε̄ Ju-
dithæ de Cassel al[ia]s de La Croix, uni residuariorum legata-
riorum codicilli nuncupat[ivi] Joh[ann]is L'Amiable, nuper p[arro]-
c[hi]æ S[ti]-Martini in Campis in Com[itatu] Midd[lesex], cœlibis
def[unc]ti, salutem. Cum idem Joh[ann]es L'Amiable sic (ut præ-
mittitur) defunctus, habens dum vixit, et mortis suæ tempore bona,
jura sive cred[ita] in diversis Dioc[esibus] sive juris[dictioni]bus,
suum dum egit in humanis rite et l[egi]time condiderit testa-
mentum, suam in se continens ult[imam] vol[unta]tem, presentibus
annex[um], ac in eodem sive eadem nullum omnino nominaverit,
fecerit aut constituerit executorem, posteaquam ab hac luce migra-
vit; Nos affectantes ut bona, jura et cred[ita] dicti defuncti bene et
fideliter ad[mi]nistrentur ac in pios usus convertantur et dispo-
nantur, ad ad[mi]nistrandum igi[tur] bona, jura et credita dicti
Johannis L'Amiable defuncti, juxta tenorem et effectum testamenti
ipsius defuncti, ac primo de solvendo æs alienum in quo dictus
defunctus hujusmodi mortis suæ tempore extitit obligatus, deinde
legata in dicto testamento contenta et specificata, quatenus bona,
jura et credita sua hujusmodi ad hoc extendant juxta ratam eorum-
dem; Tibi de cujus fidelitate in hac parte confidimus, primitus de
bene et fideliter administrando eadem, ac de pleno et fideli inv[en-
to]rio omnium et singulorum bonorum, jurium et creditorum dicti
defuncti conficiendo, et illud in curiam p ... rogat ... nostram
Cant[uariensem] citra vel ante ultimum diem mensis septembris
proxime futurum exhibendo, necnon de plano et vero computo,
calculo sive raciocinio inde reddendo ad Sancta Dei Evangelia
jurat[a], plenam tenore presentium committimus potestatem; teque
administratricem omnium et singulorum bonorum, jurium et creditorum hujusmodi, cum testamento et codicillo nuncupativo aue...
ordinamus, deputamus et constituimus per presentes. Datum London[iis?], decimo quinto die mensis martii anno Dñi 1676 et nostræ
Trans. anno decimo quarto.

Marcus Cottler (?), Reg[rius]

(Chartrier de Longvilliers. Titres de la Grande-Doloire.)

(1) La famille Lamiable ou Lamiyable est une vieille maison du Boulonnais. La branche à laquelle appartenait le testateur était fixée à Montreuil.
En voici la filiation :

I. May Lamiable, demeurant à St-Liennard près Boulogne, épousa Marie

Chocquelle (alias Willemine du Chocquel), et en eut plusieurs enfants, entre autres : 1° Maistre Anthoine Lamiable, « son fils aisné »; 2° Raul, auteur de la branche de Grand-Moulin; 3° Jehan, « l'un des enffans puisnez », qui suit; et 4° Marie Lamyable, veuve en 1594 de Jehan de La Hodde, dem^t au village de La Hodde, paroisse de Wimille, dont plusieurs enfants. (entre autres Anthoine de La Hodde, marié par contrat du 8 novembre 1594 à Marguerite de Poilly, de Montreuil; assisté de sa mère, de son oncle Jean Lamyable, etc.).

II. Jehan Lamiable, marié par contrat du 16 décembre 1552, en présence de son père et de son frère Anthoine, à Liévine Marissal ou Mareschal, fille de feu Pierre Marissal et de Jehenne du Val, alors remariée à Jehan de Poilly, marchand à Montreuil. Jehan était, dès avant son mariage, établi marchand drapier audit Montreuil; il y vivait encore en 1594, avec sa femme, qui en 1596 était veuve; il est qualifié marchand drapier en 1568, 1571, chausseteur en 1572. Le 22 novembre 1564, il prend à rente une maison rue des Barbiers, dont il rembourse le surcens le 12 janvier 1576. Il partage la succession de ses parents le 4 novembre 1588 avec Raul et Marie (de La Hodde) ses frère et sœur. Je lui connais 5 enfants : 1° Robert, qui suit; 2° Thoinette, citée avec Robert dans le testament d'Ysabeau Bédouattre, servante chez dam^{lle} Jehenne du Val, leur grand'mère, 11 janvier 1576; 3° Adrienne Lamiable, dite en 1615 sœur de Robert; alliée avant 1577 à Jacques Hommet, marchand, à son tour mayeur second de Montreuil; vivant encore en 1594; elle était veuve avant 1596, et mère de Jehan Hommet, fils ainé, et de plusieurs puînés mineurs, dont l'un se nommait Antoine. Elle testa le 25 septembre 1592, en faveur de René, Jacques et Marguerite Homet, ses enfants. Mais elle les perdit tous sans doute, car son frère Robert hérita d'elle, suivant actes de 1615; 4° Martine, mariée à Jehan Hurteur, laboureur à Le Cobricque, paroisse de Bellebrune; veuf d'elle en 1596, d'ou Jehan Hurteur, qui avait pour mère-grand Lieuvine Mareschal; 5° Françoise, mariée par contrat du 30 mai 1583 à Nicolas David, brasseur au Crotoy.

III. Robert Lamiable, cité en 1576 comme dessus, fut d'abord receveur des traites foraines et domaniales au Bureau de Montreuil (1598, 1605, 1617), puis substitut du procureur du Roy en l'élection de Montreuil, 1627, et enfin procureur du Roy en lad. élection, 1631. Il achète le 15 avril 1617 à François des Groseillers, écuyer, s^r de St-Léger et Quilen, veuf de dame Jeanne Vacossins, deux fiefs à Verton nommés Bihan et Dubron, échus à lad. dame par succession de Antoine Homet, son cousin. Il sert aveu du fief du Bihen, le 10 août 1618, au baron de Merlimont. En 1605, il achète à Barthélémy de Montlezun une maison, rue de la Chaîne, tenant à une ruelle qui mène au Petit-Cocquempot. En 1607, il demeure paroisse S^t-

Walloy. En 1617, il jouit d'un fief à Neufville, nommé la Coignée près le Vertbois. Il vivait encore en 1633. Il épousa : 1° par contrat du 27 mars 1594 Marie Fournel, veuve de Jehan Robert (il est assisté de ses père et mère) ; 2° Antoinette Brasseur, dont il eut trois enfants : 1° Jean, qui suit ; 2° Jeanne Lamiable ; et 3° Marie Lamiable, mariée deux fois : *a*) à Pierre Candeau, sieur de La Loge ; *b*) avant 1631, à Pierre de La Croix, d'où deux filles, Marie et Judith de La Croix, que nous retrouverons plus loin. Dès le 18 octobre 1625, nous voyons Robert Lamiable et Pierre de La Croix constituer ensemble une rente à dame Nicolle Lovergne, ce qui porterait à croire que le second était déjà le gendre du premier. Le 20 février 1631, h. h. Pierre de La Croix, md à Montreuil, et Marie Lamiable sa femme, vendent une maison audit Montreuil, « où pend l'enseigne de la Couronne ».

IV. Jean Lamiable, jeune homme à marier en 1610 ; sieur du Change, maréchal des logis d'une compagnie de cavalerie sous la charge du sieur de Guisigny, 1625 ; ensuite capitaine de cavalerie. Le 19 janvier 1628, Jean Lamiable, écuyer, sʳ du Change, avant de partir pour La Rochelle (où il allait, dans l'armée du Roi Louis XIII, assiéger ses coreligionnaires), fait donation à ses trois enfants de tous ses biens, soit en Baillage, soit en Ponthieu. Il épousa, par contrat du 1ᵉʳ mars 1620, Marie Caron, fille et héritière de Gilles Caron, laquelle vivait en janvier 1628 « estant preste à accoucher », mais était morte avant 1633 ; les trois enfants de la défunte étaient alors sous la tutelle de leur aïeul Robert Lamiable (leur père était mort, ou aux armées). Ces trois enfants étaient : 1° Jean, qui suit ; 2° Suzanne ; et 3° Marie, toutes deux vivant filles à Montreuil en 1669 ; la dernière paraît être morte avant 1677. Ajouter : 4° Robert Lamiable, baptisé à Montreuil, paroisse Sᵗ-Pierre, le 16 décembre 1621 ; il dut mourir jeune. Noter son baptême dans une église catholique.

V. Jean Lamiable, sieur du Change. Son père lui donne, en 1628, avant de partir pour La Rochelle, les deux tiers de ses biens, et l'autre tiers à Marie et Suzanne à partager entre elles. Jean fut chevau-léger de la garde du Roi Louis XIV, et émigra en Angleterre, probablement pour cause de religion. C'est l'auteur du testament relaté ci-dessus, et par lequel il déshérite implicitement sa sœur Suzanne, sans doute parce qu'elle s'était faite catholique. Suzanne, encore fille lorsqu'elle revendiqua en 1677 la succession de son frère, épousa par contrat du 18 may 1678 Claude de Bigant, écuyer, sieur de Berminy (veuf, avec enfants, de Marguerite Sevin), d'une famille qui fut toujours catholique et qui avait marqué dans la Ligue. La dame de Berminy testa le 12 août 1679 et fut inhumée en l'église N.-D. de Montreuil le 8 septembre suivant. Son mari, qu'elle avait institué légataire universel, se remaria le... 1680, en l'église d'Airon-Sᵗ-Waast, à Jeanne du Crocq.

A sa sœur Suzanne, Jean Lamiable avait préféré ses cousines germaines, Marie et Judith de La Croix, filles de Marie Lamiable, sa tante.
Marie de La Croix mourut fille avant 1683; Judith avait épousé Abraham
de Cassel, « marchand manufacturier en soye, demeurant en la ville de
Londres, au royaume d'Angleterre » (1682), et tous deux sont dits : « originaire françois de nation ». (Minutes des notaires de Montreuil; chartrier de Longvilliers, etc,). — Les Cassel et les de La Croix sont deux
familles importantes et nombreuses de réformés du pays de Calais et de
Guines; les Registres du Temple de Guines, publiés par *The Huguenot
Society of London*, citent très souvent ces familles qui s'allièrent plusieurs
fois l'une à l'autre, mais ne mentionnent nullement les personnages dont
l est question ici.

Somme toute, la branche montreuilloise de la famille Lamiable paraît
avoir professé le protestantisme à partir de Robert Lamiable, 3ᵉ degré ;
parmi ses alliances, je ne connais que les Candeau, les de La Croix et
es Michel qui aient appartenu à *la religion réformée*.

A part cette branche, la famille Lamiable paraît avoir été catholique.
M. E. de Rosny et d'autres auteurs lui donnent pour armes : d'or au lion
de gueules désarmé, au chef échiqueté d'or et d'azur de trois traits ; « ces
armes », dit l'armorial Scotté de Vélinghem, « ont été données à un de
cette famille (a), par le Roy Louis XIV, Roy de France, en l'anoblissant lui
et ses descendants, pour sa valeur et ses faits d'armes, et pour avoir fait
prisonnier à la bataille de Lens le général Back (b), Hollandois; pourquoi
le Roy lui donna le cheval de ce prisonnier désarmé et l'anoblit lui et ses
successeurs, et pour armes un lion désarmé avec un chef échiqueté qui
signifie un général désarmé et pris comme dans un filé (*sic*) que ce chef
signifie. » Tout cela est du domaine de la haute fantaisie. D'autre part,
les pierres tombales d'Hesdigneul portent un écu de... à la croix fleurdelysée de..., chargée en cœur d'une fusée de...

« Willaume Lamiable tient fief de Thiembronne en 1477 (État du Boulonnais). — Jehennet, fils de défunt Robinet, tient de Sᵗ-Wulmer des terres
à Hocquinghen, paroisse de Sᵗ-Léonard, en 1506 (Terrier de Sᵗ-Wulmer). »
(E. de Rosny, *Recherches généalogiques*, t. II, p. 821.) — Raul Lamiable,
demᵗ au Grand-Moulin, et Bonne de La Ronville, sa femme; Antoinette leur
fille, mariée par contrat du 20 février 1593 (et non 2 février 1598) pardevant
Dannel et Du Buir, à Antoine du Blaisel, écuyer, sʳ de La Motte (*Ibid.*,
et mss. Baizieux). Ce Raul Lamiable, laboureur à Grandmollin, paroisse
de Condette, est nommé receveur de noble seigneur Adrien de La Rivière,

(a) H. de Rosny, *Hist. du Boulonnais*, IV, p. 31, le nomme Adrien de Lamiable,
sʳ du Grand-Moulin.

(b Bock (E. de Rosny); Beck (H. de Rosny) ???

-écuyer, sʳ de Chepy, Frières et Grandmollin, le 7 septembre 1563, et
-déchargé de lad. recette le 10 novembre 1567 (Minutes des notaires). Il
-est encore cité en 1586 et 1595; il était grand-père de Jehenne Malot, qu'il
-dota en la mariant le 16 août 1594 à Scellier, de Sᵗ-Josse, contrat sous seing
-privé, passé à Grand-Moulin (*Ibid.*). — May Lamiable tient de l'Évêché de
Thérouanne des terres à Alquines en 1520 (E. de Rosny) et en 1567 (Minutes);
-c'est probablement l'auteur de la branche montreuilloise. — Gilles Lamiable,
un obit le 2 décembre (Matreloge d'Isques.) — « Louis, sʳ de Grand-Moulin,
-écuyer, allié à Marie du Blaisel, neveu de Octavie Lamiable, mariée à
Jean Moullart, sʳ du Mottoy; il fait une donation le 22 mai 1655 à Mᵉ Mel-
-chior du Crocq, sʳ de La Motte, procʳ en la Sénᶜᵈᵉ du Boulonnais, époux
-de Marie Lamiable, sa sœur » (E. de Rosny). On voit encore dans l'église
-d'Hesdigneul en Boulonnais plusieurs pierres tombales des membres
-de cette branche, savoir : Octavie du Blaisel, femme d'Adrien Lamiable,
-escuier, sʳ de Grand-Moulin; Anthoine Lamiable, escuier, sʳ de Peuplin-
gues, leur fils, mort le 30 septembre 1634; et Jehan Lamiable, escuier,
-mort âgé de trois ans le 7 juillet 1631. Quant à Octavie Lamiable, fille
-d'Adrien, écuyer, sʳ du Grand-Moulin, elle épousa le 3 mai 1622 Jean
Moullart, sʳ du Mottoy, testa le 20 octobre 1633, et mourut à Montreuil,
-paroisse de Sᵗ-Pierre, le 20 novembre 1669; on voit encore sa pierre tombale à l'église de Vron. Il est donc certain que cette branche des Lamiable
-était catholique.

Citons encore noble homme Louis Lamiable, écuyer, sʳ du Grand-Moulin
-en 1664 et 1676 (Min. des not. de Montreuil); Adrien, sʳ de Grand-
Moulin en 1640; Marie Lamiable de Grand-Moulin, 1692, et sa sœur
Jeanne, 1699.

Une autre branche habitait Marquise. En 1510-1511, sont citées Kathe-
rine Tristran, veuve de Mahieu Lamiable, et sa fille Thoinette; en 1584,
Thomas Lamiable et sa sœur Marguerite, femme de François de Con-
-dette, enfants de feu Jacqueline Bonvarlet; en 1585, Quentin Lamiable,
et Luc Taintelier, héritier de Anthoinette Lamiable (qui vivait en 1530);
en 1630, les héritiers de Pierre Lamiable; en 1605, Charles et Wallerand Lamiable, fils de feu Quentin et de Jehanne de Hautefeuille,
-celle-ci fille de Jean de Hautefeuille et Adrienne Morant. Ledit Charles
encore en 1601 et 1606. Thomas Lamyable, allié en 1641 à Jeanne Moul-
lyère. Françoise Lamiable, fille de Charles et de Marie Couvreur, et
-veuve de Mᵉ Jehan d'Avau, mariée en 2ᵈᵉˢ noces par contrat du 9 octobre
1633 à Pierre Pacquentin, sʳ de La Quenouille. Le 10 juillet 1634, Jac-
-ques Le Ducq, sʳ de La Violette, mᵈ à Marquise, épouse Nicolle
Lamiable, fille de Charles Lamiable, sʳ du Filliers, et de Marie Couvreur,
-et sœur de Françoise ci-dessus; un Jean Lamiable (peut-être le sʳ du

Change? ou plutôt Jean Lamiable de Marquise, cité en 1609) assiste au mariage comme cousin germain. Jacques Le Ducq et Nicolle testent ensemble le 4 mars 1672 et meurent avant 1674 (Min. des not. de Marquise, et chartrier de Longvilliers). M. E. de Rosny (*loc. cit.*) mentionne en 1715 Charles Lamiable, sᵣ du *Sillier*, et Jeanne de Menneville, sa femme.

A la branche de Montreuil doivent se rattacher : Louise Lamiable, 1601 (citée avec Robert et Adrienne ci-dessus); Barbe, femme de David Michel, dont il sera question plus loin; Marie, dˡˡᵉ de Lépinoy en 1696; et Antoinette, femme séparée de biens de Henry Deunet, doyen des prévôts de l'Échevinage en 1702 (Min. des notaires de Montreuil).

(2) Le « compère Blondel » se prénommait Robert et était marchand à Montreuil en 1682. Le 10 janvier 1686 il abjura le protestantisme en même temps que plusieurs autres réformés. Voici l'acte d'abjuration : « Le dixième jour de janvier de l'année mil six cens quatre-vingt-six, Robert Blondel, Antoine Regnaut, et Élizabeth Blondel, sa femme, avec Élizabeth Regnaut, leur fille, et Siméon Mensier, domestique audit Blondel, ont abjuré l'hérésie de Calvin, qu'ils avoient professée jusqu'alors, et ont reçu l'absolution publiquement de moy Jean Bermon, pᵗʳᵉ, curé de l'Église de Sᵗ-Valoy de Montreuil commis à cet effet par Mᵍʳ l'Illustrissime et Révérendissime Évesque d'Amiens, et ce, dans l'église dudit Sᵗ-Valoy, en présence des soussignez : vénérables et discrètes personnes Messire François Le Roy, curé de Sᵗ-Martin; François Fauchatre, André Desmonts, Jacque Boucri et François Marcotte, tous prestres habituez en ladite église de Sᵗ-Valoy, et d'un grand nombre d'autres témoins dont plusieurs ont signé sur la formule de profession de foy, que les susnommez Blondel, Regnaut et autres ont faite.

« Le même jour, Abraham Goddé, de la Ville Basse de Montreuil, a fait aussy dans l'église de Saint-Valoy pareille abjuration de son hérésie et profession de la foy catholique.

« Deux jours après, sçavoir le douzième dudit mois de janvier, Robert Blondel, fils au susnommé Robert, a fait aussy son abjuration et sa profession de foy en la maison de son père, à cause d'une indisposition qui le mettoit hors d'état de se transporter en l'église. Signé : Bermon; Leroy, prêtre; Boucry, prêtre; N. de Campagne, prêtre; And. Fran. Marcotte; Fauchâtre, prêtre. » (Reg. de catholicité de Saint-Walloy de Montreuil. — Notes Ch. Henneguier.)

Cette année 1686 semble avoir marqué l'abjuration de tous les huguenots montreuillois : après les Blondel et Goddé, Adrien Fouxolle, natif du village de Saint-Arnoul, diocèse de Beauvais, soldat du régiment de

Navarre, abjure le 26 février; le 10 mars 1690, c'est le tour de Christophe Gellins, soldat en garnison, natif d'Yarmouth, province de Norfolk en Angleterre (*Ibid.*).

Sur les Blondel, je ne sais absolument aucun détail généalogique; je trouve seulement, aux Registres du Temple de Guines, que : « Marie-Madelaine Regnault, fille d'Antoine et d'Élizabeth Blondel, fut baptisée [à Guines] le 11 febvrier 1685 et née à Montreuil ce sixième dudit mois et an. » (p. 272).

Les réformés n'ont jamais été nombreux à Montreuil; un dicton mensonger prétend même que « nul hérétique n'a pu boire l'eau de Montreuil sans crever! » C'est une erreur; s'ils étaient rares et obscurs dans la ville très dévote et ardente pour le parti de la Ligue, les huguenots montreuillois existaient cependant. En 1700, dressant la liste des religionnaires de Picardie, l'intendant Bignon écrivait que, avant la Révocation, il y avait dans le gouvernement de Montreuil trois familles protestantes : « l'une a abandonné le pays, une autre est éteinte, la troisième est restée » (Cité par Rossier, *Hist. des Protestants de Picardie*, p. 246).

Il semble cependant que les familles réformées de Montreuil aient été un peu plus nombreuses que ne le dit Bignon; je trouve en effet, à tout le moins : Lamiable, Blondel, Regnault, Goddé, Ballin et Barré. Voici quelques notes sur ces trois dernières familles :

Goddé. — Le 1er septembre 1678, transaction sur succession entre : « Siméon Goddé, jeune homme à marier, aagé suffisament, du mestier de taillandier, demeurant à Monstreuil, d'une part; et Marie du Crocq, veuve de Siméon Goddé, vivant m⁰ taillandier à Monstreuil, légateresse universelle dud. deffunt Siméon ; Abraham Goddé, m⁰ taillandier en cette ville; Magdelaine Goddé, jeune fille à marier, demeurant aussy à Monstreuil; lesd. Abraham (aîné), Siméon et Magdelaine enffans et héritiers dud. feu Siméon avecq leurs autres sœurs absentes. » (Minutes Blocquel, notaire à Montreuil).

Actes d'abjuration de Siméon et Abraham Goddé :

« L'an mil six cens soixante-dix-huit et le deuziesme jour du mois de janvier audit an, nous Jacques Heuzé, pbre curé propriétaire de l'église paroissialle de St-Josse-au-Val de cette ville de Monstreuil sur la mer, diocèze d'Amiens, après avoir catéchisé l'espace de six sepmaines entières le nommé Siméon Goddé, hérétique, aagé de vingt-six ans, fils de feu Abraham Goddé et de Marie du Crocq ses père et mère, demeurant dans cette paroisse, après l'avoir instruit dans les principaulx articles de nostre croiance, et l'avoir veu marry et contrit d'avoir si longtemps persévéré dans l'hérésie de Calvin qui estoit celle de ses père et mère; nous aurions escryt le quatorze du mois passé à Monseigneur l'Évesque d'Amiens, pour avoir permission d'absoudre ledit Goddé de son hérésie. Ce qu'ayant obtenu dudit seigneur Évesque, par sa missive en datte du vingtiesme décembre dernier, à nous addressée, nous avons donné l'absolution de son hérésie audit Goddé, et l'avons receu dans le gyron de l'Esglise et admis dans la communion des fidelz chrestiens et catholiques, le jour et an cy dessus exprimez, en présence de Mr N. Lesselinne, pbre clerc de nostre ditte paroisse ; d'honnorables hommes Jacques Queval, Jean Fallempin et Nicolas L'hostillier, tous trois marchandz bourgeois de cette ditte ville de Monstreuil et marguilliers en charge de nostre ditte église, qui ont signé avec nous et ledit Siméon Goddé, les jour et an exprimés en l'autre part. — Siméon Goddé. — N. Lesselyne. — Jacques Queval. — Jehan Fallempin. — Marque dudit Nicolas L'hostillier. — J. Heuzé.

« Le dixième jour de janvier mil six cens quatre vingt six, Abraham Godé, frère de Siméon Godé dont il est fait mention en l'autre part, a abjuré l'hérésie de Calvin, dont il avoit fait profession jusqu'alors, et a professé publiquement la foy catholique, avec promesse et serment sur les Saints Évangiles de la tenir fermement jusqu'au dernier soupir de sa vie ; et ce entre les mains de Mre Jean Bermon, curé de St-Valoy, commis pour cet effet par Monseigneur l'Illustrissime et Révérendissime Évêque d'Amiens, en la présence de Mre Antoine Ravier, prêtre curé de St-Josse-au-Val, et de plusieurs autres témoins soussignez. — J. Bermon. — A. Ravier, pbre curé. — J. Boucry, pbre. — Abraham Goddé. — Baptiste Brulé. — Marcotte, prestre » (Original signé ; collection Henneguier).

« Jacques Goddé, fils d'Abraham et de Marie Morillon, fut baptisé [à Guines] le 4e mars 1685, né à Montreuil le 26e febvrier. » (Reg. du Temple de Guines, p. 272.)

Ballin. — « Le 12 février 1679, a été bény le mariage de Noé Ballin, veuf, marchand, âgé de 35 ans, natif de St-Martin-en-Boulenois, demeurant à Montreuil, accompagné de David Ballin, son père, et de Jacques Ballin, son frère, d'une part ; et Suzanne de Senlecque, âgée de 27 ans, fille de feu Jacques et de Marie de Haffrengues, native de Clenleu en Boulenois », etc. (Reg. du Temple de Guines, p. 174.)

Il est probable que Noé Ballin n'habita pas longtemps Montreuil, car je n'ai jamais retrouvé son nom dans les archives publiques ou particulières de la ville.

Notons que, le 23 avril 1680, Jacques Ballin, dem^t à St-Martin-lez-Boulogne, frère de Noé, épousa au Temple de Guines Jacqueline Goddé, « fille de deffunt Abraham et d'Ester du Crocq, native de Cormont en Boulenois et y demeurant, assistée de sa mère et de Daniel Goddé, son frère. » (Reg. du Temple de Guines, p. 196.)

Un acte notarié de 1685 cite Noël Balin, sieur de La Motte Hidrequen, demeurant à Boulembert, paroisse de St-Martin Boulogne; en 1690, par suite de la Révocation, il était réfugié à Douvres (Landrin, *op. cit.*, t. Ier, pp. 205-207).

Barré. — Marie-Jeanne Barré, native de Montreuil, femme de Frédéric Muls, chirurgien, allemand de nation, nouveau converti à Coquelles en 1725 (Landrin, *op. cit.*, t. Ier, p. 176).

Citons enfin : « Monsieur Marty, âgé de 43 ans, capitaine d'une compagnie franche suisse, et major du canton de Claris, décédé à Montreuil le 31e aoust, et inhumé à Guines le 3e » (septembre 1679). (Reg. du Temple, p. 183).

(3) Qui est cette Melle Michel? Les Michel étaient une famille de médecins protestants, de Guines et de Samer. M. Landrin leur consacre tout un article, t. III, pp. 15 à 17. Je trouve, par ailleurs, que d^{elle} Marie Barbe Lamiable épousa en premières noces David Michel, docteur en médecine, et en secondes noces Philippe Auburges ou Auburget, sieur de La Dénerie, qui était veuf d'elle le 23 décembre 1662. Du 1er lit elle laissa Pierre Michel, docteur en médecine, « décédé dans la Religion prétendue réformée au bourg de Samer », avant le 10 octobre 1690; — et, du second lit, Philippe Auburges, seig^r de Vaugrigneuse, conseiller et maistre de la garderobbe de S. A. R. Madame, Duchesse d'Orléans, qui obtient, en 1690-1694, les biens dudit P. Michel, « son frère unicque. » (Bénard, *Registres du Roy de la Sén^{sco} de Boullenois*, pp. 128 et 157; et notes Baizieux.)

De qui cette Barbe Lamiable est-elle fille? M. de Baizieux la fait naître de Jean et de Marie Caron. Une note que je ne puis contrôler prétend que Barbe Lamiable était *veuve* en 1632-33 de Me David Misel ou Michel, docteur en médecine (notes Baizieux). Or Jean Lamiable et Marie Caron ne s'étant mariés qu'en 1620, ne pouvaient avoir une fille mariée ou veuve douze ans plus tard. Je ne sais donc en quel point de la généalogie placer Barbe Lamiable. Mais c'est elle, à n'en pas douter, qui reçoit un legs de Jean Lamiable en 1676.

(4) Par ces deux actes, on voit que les testaments noncupatifs étaient admis en Angleterre, alors que presque toutes les coutumes de France les proscrivaient. Il est à noter aussi que la matière testamentaire relevait du for ecclésiastique, puisque c'est l'archevêque de Cantorbéry, primat d'Angleterre, qui nomme un exécuteur (ou plutôt une exécutrice) au testament de Jean Lamiable.

Dans la sentence du baillage d'Amiens (3 juin 1682), adjugeant à Abraham Cassel et à Judith de La Croix la rente à eux léguée par Jean Lamiable, il est à remarquer que le juge français a mal compris le texte anglo-latin du testament et de la nomination d'exécuteur; il dit que le testament a été « *légalisé* par le sieur archevesque de Cantorbérie, primat d'Angleterre » ; les *interprètes jurés* de Calais, qui ont *translacté en françois* les actes en question, n'ont pas gagné leur salaire! . .

XII

7 mars 1677. — Testament de Jean de La Wespierre, seigneur de Mieurre.

« Au nom de la très sainte Trinité, Père, Filz et Sᵗ-Esprist, Mʳᵉ Jean de La Wespierre (1), escuier, seigneur de Mieurne et autres lieux, demᵗ en cette ville de Monstrœuil, rue et parroisse de S-Firmin le Martir, estant au lict malade, aagité de Maladie corporel, sain toutefois d'esprit et d'entendement, considérant que nature humaine est subjet à la mort, l'heure d'icelle estant incertaine, et craignant d'en estre prévenu et de mourir ab intestat, a dicté, nommé son testament, devix et ordᶜᵉ de dernière volontée, révocquant touttes autres qu'il peut avoir faict cy-devant, soit codicille, anexe ou autrement, le tout en la forme qui ensuit : Premièrement il a recomandé son âme à Dieu le Père Créateur, le supliant par les Méritte de la passion de Nostre Seigneur Jésus Christ vouloir pardonner ses péchez et le colloquer en son Roiaume Deparis (*sic*), laissant son corps à la terre.

« Et quand aux biens temporel qu'il a pleu à Dieu lui prester en ce Monde Mortel, il en a disposé comme il ensuit :

« Premièrement quand à la rente de soixante livres laissée audit seigneur testamentaire (*sic*) par à présent deffunte Damoiselle Deleclitte, sa cousine germaine, laquelle auroit institué led. seigʳ testateur son légataire universelle, il veut et entend et telle est sa volonté que ladite rente de soixante livres demeure pour l'entretien du sᵗ ministère de l'Esglise prétendu Réformée de La Haye en Boullenois (2) à tousjours, à recevoir ladite rente annuellement des nommés Formanoir et Levesque débiteurs d'icelle, de chacun 25 livres de rente, et au regard des dix livres restans pour le parachèvement desd. 60 livres, ledit seigʳ testateur veut et entend qu'elle soit prise sur la nommée Anthoinette Dubuisson, de laquelle rente ledit seigʳ testateur en fait don et légatte à ladite esglise pour l'entretien, comme dit est, du sᵗ ministère qui ce fait en icelle. Item donne et légatte pour l'entretien dud. sᵗ ministère de ladite esglise de La Haye en Boullenois, la somme de douze livres de rente, laquelle rente sera prise sur le revenu des imeubles qu'il a acquis avecq Madame de Mieurne son expouse, scitué à Nienbourt en Boullenois.

« Item donne et légatte aux pauvres de ladite religion prétendu réformée de ladite esglise de La Haye la somme de 40 escus, laquelle somme sera pris sur les arrérages des fermages qui seront deub audit seigneur testateur au jour de son décès, pour une fois paié, pour estre ladite somme distribué suivant l'ordre et advis du Consistoire, incontinent après son décéds. »

Il lègue ensuite : à dam^lle Esther de Milleville sa niepce; à Mônsieur de Fontenille son nepveu ; à Daniel de Milleville son nepvéu; à Monsieur de Boissée (?) son nepveu; à Mademoiselle de Liembronne l'aisnée, sa niepce, de présent logée en sa maison, à Mr de Liembronne son nepveu, etc.

« A lad. dame de Mieurne son expouse, tous les meubles, or, argent monnoié et à monnoier, carosse, chevaux, et tous meubles en la maison où demeure led. seig^r testateur aud. Monstreuil, avecq les arrérages dus par les occupeurs des Moulins à usage de moudre bled, scitué sur la rivière de Canche de cette ville basse.

« Et au regard de ses nepveux et niepces qui sont présentement en la ville de Genève, au nombre de six, ledit seigneur testateur les a tous six institués ses légataires universelles de tous et chacûns ses biens meubles, imeubles, rentes que les coustumes des lieux permettent de disposer et léguer par testament »; suit le détail de rentes, rembours, etc., compris dans ce legs.

« Sy donne à Philippe Chatelain son laquais — 60 livres — qui lui seront paié par lad. dame de Mieurne après qu'il aura servi icelle dame encore deux ans comme il y est obleigiez. A Mad^lle du Tertre, fille de Monsieur d'Esceuffen (3), sa filiœulle, la moitié de la propriété du moulin qu'il a, allencontre de l'autre moitié appartenant à lad. dame de Mieurne son expouse, scitué au terroir d'Ambleteuse; et au s^r Jean du Tertre, fils aisné dud. sieur d'Escœuffen, tous les arrérages de rente dus aud. s^r testateur par led. s^r d'Escœuffen son père. »

Il choisit pour exécuteur ledit sieur d'Escœuffen, « lequel il a prié en vouloir prendre la peine aux despens de ses biens, et faire en sorte que tous les légataires cy dessus nommés vivent en toutte concorde et bonne intelligence et qu'entr'eux il n'y ait aucune difficulté et procès pour et à raison du présent testament. »

(Minute originale; acte passé devant Pierre Pasquier et F^ois Le

Roy, notaires royaux à Montreuil, le 7 mars 1677. — Étude actuelle de Mᵉ Tournant) (4).

(1) La Wespierre, vieille famille du Boulonnais. Jehan de Le Wespère (alias de Wespierre) était tavernier à Desvres en 1438 et 1439 (Abbé Delamotte, *Le Cabaret à Desvres dans le Passé*, journal *L'Écho du Mont-Hulin*, 22 févr. 1902). Mais dès 1477 la condition de la famille est plus relevée. Lionnel de La Wespierre est seigneur de Liembronne en cinq fiefs; Mᵉ Thomas de La Wespierre tient de Longvilliers deux fiefs à Mieurre, et Philippes de Le Wespierre un fief du baillage de Desvres. (Déclaration des fiefs du Boulonnais; mss. Arch. Boulogne 969, ff. 11, 25, 29 vᵒ, 35.) Jehan de La Wespierre, escuier, seigneur de Liembronne, Hodicq et Mieure en partie, 1561-1573; fut sans doute père de Claude de La Wespierre, escuier, sieur des mêmes lieux et de Widehem en partie, 1606; un autre Claude, en 1665, était seigneur de Miure, Hodic, Dives et autres lieux. (Chartrier de Longvilliers; quatre aveux, celui de 1606 scellé aux armes : parti à dextre, 3 bandes; à senestre, une bande accompagnée de 3 croix fleurdelysées, 2 et 1.) Le 30 décembre 1636, Claude de La Vespière, chevʳ, seigʳ de Liembrune, Dives, Fontaine-le-Sec, et Charlotte d'Aumale sa femme, achètent la seigneurie de Limeu à Jean de Grouches et Marie de Fontaines. (Alc. Ledieu, *Catal. des Mss. de la Bibl. d'Abbeville*, p. 160.) La famille de La Wespierre était très attachée à la foi protestante; j'emprunte à M. Vaillant (*op. cit.*, pp. 54-57) le récit de ses tribulations :

« Le couvent des Nouvelles Catholiques de Paris, dont Fénelon fut le directeur et la mère Garnier la supérieure, reçut parmi ses pensionnaires ou prisonnières, Madᵉ de Liembrune de La Wespière. Le sort de Judith de Mormès est des plus tristes. Entrée le 28 janvier 1686 et classée dans la catégorie des opiniâtres, elle se vit successivement transférée dans celui des Miramiones de Paris où se pratiquait ce genre de claustration, au couvent de St-Nicolas de Compiègne, et à l'abbaye de Variville : de là elle fut envoyée au château du Pont-de l'Arche où elle se trouvait encore en 1690 : sa fermeté ne s'était pas démentie un seul jour, bien qu'on lui eût enlevé ses filles qui furent mises au couvent (a), que son fils eût été mis aux Jésuites et qu'on lui eût enlevé sa domestique, quoique celle-ci

(a) « Le Roy estant informé que M. de Liembrune, nouveau catholique du diocése « de Noyon, ne prend pas soin de l'éducation de ses enfants en la Religion catholique, « Sa Majesté m'a ordonné de vous escrire que son intention est que vous fassiez « mettre incessamment ses garçons dans un collége de Jésuites, et ses filles dans un « couvent, suivant ce que vous en conviendrez avec M. l'Évesque de Noyon. Vous « règlerez aussy les pensions, qui seront payeez par leur père. » (Note de M. Vaillant. — Lettre du Secrétaire d'État, 1693).

fût catholique. Un de ses beaux-frères, Jean de La Wespière, sieur de Mieurre, était emprisonné dans un cachot de la Bastille. Sa belle-sœur, Madeleine de Liembrune, arrêtée à Dieppe où on la soupçonnait de préparer sa fuite en Angleterre, était enfermée dans la citadelle d'Amiens : depuis dix ans, elle subissait ce supplice quand, en 1699, l'évêque de Noyon intercéda pour elle auprès du Secrétaire d'État pour faire cesser une détention qui, « loin de contribuer à la faire changer de religion, ne « sert au contraire qu'à l'aigrir et à l'indisposer... Elle a beaucoup d'esprit, « ajoutait le prélat compatissant, et en vérité elle ne paraît point mériter « la situation dans laquelle elle est. Elle est à plaindre d'être dans l'erreur ; « mais ce qu'elle souffre montre qu'elle y est de bonne foi. Il me semble « qu'on pourrait du moins éprouver si un traitement plus doux ne pro- « duirait point de meilleur effet. » (Arch. Nat., M. 675, cité par O. Douen.)

« Le chef de cette famille où les femmes donnaient un si noble exemple des plus mâles vertus, Daniel de La Wespière, sieur de Dives, fief noble de l'élection de Noyon où l'exercice du culte réformé avait été autorisé pour l'usage de sa maison, ne fut pas à la hauteur de son épouse et de sa sœur : il se convertit sans guère lutter; on trouve son nom inscrit sur les fameuses feuilles de Pellisson pour une pension annuelle de 1,000 livres.

« Le nom de Liembrune était celui du fief que sa famille tenait de Tingry et d'Hucqueliers dès 1477. Il est situé à 2 kilomètres de Samer, au pied des monts que couronnent encore les derniers terrassements du château de Tingry. Au pied de la vieille motte féodale ombragée de noyers contemporains de Louis XIV et baignée de belles eaux vives, s'élève la ferme construite en 1613 par M⁽ʳᵉ⁾ Claude de La Wespière; à l'extrémité ouest des bâtiments subsiste l'ancien Temple encore parfaitement reconnaissable avec sa chapelle, sa salle d'école ou de consistoire, le logement du pasteur qui venait y officier, et son porche haut placé sur perron. Ouvert du rez-de-chaussée jusqu'à la toiture, depuis que les planchers et les cheminées ont été enlevés pour l'installation d'une grange, c'est encore un curieux spécimen de l'architecture ecclésiastico-militaire du temps des guerres de religion. Un champ qui touche à la motte, rappelle, par son nom de Cimetière des Huguenots, la croyance de ses anciens seigneurs...

« ...Une fille de Claude de La Wespière, sieur de Liembrune, et de Charlotte d'Aumale, Marie Suzanne, devint en 1677 femme de Louis de Launay, comte d'Entraigues, qui, après avoir abjuré en 1681, réussit à passer en Hollande à la Révocation et servit dans les gardes du Stathouder ».

(2) Le temple de La Haye, situé dans les dépendances du curieux manoir de ce nom, si bien conservé, était le plus ancien et le plus célèbre des

lieux de culte réformé dans le Boulonnais. Un manuscrit inédit du xviii⁰ siècle contient une notice bien curieuse sur ce temple, mais je ne sais si les renseignements qu'elle donne sont très authentiques ; la voici :

« Neufchatel et Nesles. — La seigneurie de cette paroisse de *Novum Castellum*, qui a pour secours Nesles, appartient de partie à M. François Louis Marie de Patras, sénéchal de Boulogne, chevalier, seigneur de Campaigno, de Cohen et du fief de Bucamp.

« Neufchatel est au bout de la forêt d'Hardelot qui a aujourd'hui [en 1773] 1220 arpens et 16 verges de bois.

« C'est dans cette paroisse, près de Neufchatel et à l'extrémité de la forêt, qu'est la ferme de la Haye, ancien château appartenant à un gentilhomme de Picardie de ce nom, et intendant de Louis, prince de Condé, chef des Huguenots en France sous le règne de François II et de Charles IX, tué à la bataille de Jarnac en 1569. Ce château a été entouré d'eau avec pont-levis, et a servi longtemps de temple et de consistoire aux huguenots qui s'y retiroient pour l'exercice de leur religion. On y voyoit encore, il n'y a pas 60 ans, la chaire où leurs ministres prêchoient.

« Au mois de juillet 1561, le Roi Charles IX avoit fait un édit par lequel il étoit défendu, sous des peines très rigoureuses, aux Calvinistes de faire aucune assemblée dans le royaume. La reine-mère Catherine de Médicis, régente, ayant promis aux Huguenots, après le colloque de Poissy, de faire révoquer cet édit et d'en faire prendre un autre qui leur accorderoit des prêches et l'exercice libre de leur religion, ils n'en eurent pas plus tôt annoncé la nouvelle par toute la France que, sans attendre le nouvel édit, ils firent publiquement leur cène et leur prêche. Les ministres de cette doctrine, qui se trouvoient répandus dans le Boulonnois, s'assemblèrent avec ceux de leur religion, au château de La Haie, au bout de la forêt de Neufchatel. Mais Antoine Chinot, lieutenant général en la sénéchaussée de Boulogne, sur les avis qu'il en avoit reçus, et contre le gré du sieur de Senarpont, sénéchal et gouverneur de la ville, qui les favorisoit sous main, marcha contre ce lieu avec cent hommes bien armés, surprit en plein jour le château où l'on faisoit peu de garde, tua d'un coup d'épée le prédicant qui étoit en bottes, couvert d'un chapeau et en habit court, et fit faire main basse sur l'auditoire dont plus de 40 furent dangereusement blessés, ensuite massacrés, et le reste dispersé ; il fit renverser la chaire, abattre toutes les portes, briser le pont-levis et combler le fossé.

« Cette exécution arriva le lundi 13 octobre 1561. Elle fut tacitement approuvée par un arrêt du Parlement de Paris du 11 juillet 1562, par lequel il fut permis aux villes et villages de prendre les armes contre les Huguenots qui feroient des assemblées publiques ou privées, et de se saisir de tous leurs ministres.

« En 1572, il se passa encore en ce lieu une exécution plus cruelle. Le Roi ayant résolu de faire faire dans Paris, la nuit du 23 au 24 août, jour de la Saint-Barthélémy, le massacre de tous les Huguenots, avoit dépêché aux gouverneurs des provinces l'ordre de faire prendre les armes aux catholiques et de courir sus aux protestants.

« En conséquence, le sieur de Caillac, gouverneur de Boulogne, d'où ils avoient été chassés en 1562 et où ils s'en étoient bien vengés sur ses habitants en 1567 et 1568 par le bris et l'incendie des images de leur cathédrale, par l'enlèvement et la profanation de l'image de la Vierge, par le vol de la trésorerie de cette église et de ses ornements les plus précieux, par son incendie et par le massacre d'une partie de ses prêtres, chanoines et habitants — entre lesquels le sieur de Chinot pensa lui-même perdre la vie par un coup de lance qu'il avoit reçu au bras, — le sieur de Caillac se rendit la nuit avec une troupe de cent cinquante hommes que grossirent tous les habitants du Pont de Briques et de Saint-Étienne, au château de La Haye, dont, à la faveur des édits de pacification qui avoient suivi celui de 1561, ils avoient rétabli les portes, pont et fossés. Il y surprit le matin douze maîtres (ministres?) qui y faisoient leur cène au milieu d'une populace de 200 tant hommes que femmes et enfants différemment armés.

« Dès qu'il se fut emparé du pont et de la cour, il fit tirer au travers des fenêtres et des portes, où plusieurs furent tués, ce qui obligea les autres à en sortir en foule ; mais l'action devint plus décisive ; car, ayant fait faire une nouvelle décharge, il les mit presque tous hors de combat ; de sorte qu'ils furent ensuite assommés par sa troupe sans distinction d'âge ni de sexe. Il en réserva seulement 4 ministres, 15 particuliers et 17 femmes qu'il fit pendre sur-le-champ à la principale porte, aux fenêtres et aux arbres voisins, sans autre forme de procès ; puis il se retira après avoir comblé le fossé, brûlé les portes, le pont-levis, la chaire et leurs livres.

« Cette exécution d'où personne n'échappa, et où se trouva le ministre qui autrefois avoit allumé le feu pour brûler l'église de N. D. de Boulogne, avec le soldat qui avoit blessé le sieur de Chinot, tous deux natifs du village d'Herly en Boulonnois, dont l'un se nommoit Christophe Duflos et l'autre Ambroise Prudhomme, se fit le jeudi 28 août 1572. »

(Extrait par M. Vaillant d'un manuscrit du cabinet Abot de Bazinghem.)

(3) Ambroise du Tertre, écuyer, seigneur d'Escœuffen, lieutenant-colonel au régiment de Schulemberg, fils d'Isaac, seigneur d'Escœuffen, capitaine au régiment d'Espagny, et d'Anne de Rocquigny (mariés le 28 septembre 1625), épousa à Arras par contrat du 3 juillet 1657 Bonne-Françoise de Cavrelle, fille d'Antoine de Cavrelle, chevalier, seigneur du Grand-Cordel,

Wailly, Beaumont. Ses fils Jean, Charles et Ambroise sortirent de France « pour cause de religion »; le premier devint colonel en pied d'un régiment d'infanterie anglaise, et mourut sans alliance ainsi que le second. Le troisième, appelé le baron du Tertre, fut quartier-maître général de la cavalerie hollandaise, et colonel en pied d'un régiment d'infanterie au service des États Généraux. Il eut, d'Élizabeth de Haerscotte, une fille unique, Bonne-Élizabeth du Tertre, mariée à Bernard-Henry, baron de Bentinck, membre des états de l'ordre de la noblesse de la province d'Overyssel, président de la haute cour de justice, et lieutenant président de la cour des fiefs de la même province, chevalier de l'ordre Teutonique, commandeur de Dreven, coadjuteur du Baillage d'Utrecht; de ce mariage vint une nombreuse postérité qui subsiste encore dans la province de Groningue. — Cependant les trois frères exilés avaient une sœur, Jacqueline du Tertre, qui, après être sortie du royaume avec ses frères, y rentra, embrassa le catholicisme, épousa le 1er décembre 1685 son cousin Antoine du Tertre, chevalier, seigneur de Beauval, La Vienne, Colhaut, Marcq, Lacre, premier capitaine des gardes de l'Électeur de Cologne; elle se fit mettre en possession des biens confisqués sur ses frères, et les laissa à sa postérité qui existe sous le nom de comtes et vicomtes du Tertre. Émigré à son tour en 1791, Jacques-Hippolyte du Tertre servit en Hollande sous le baron de Bentinck, son cousin : singulier retour des choses humaines !

(Généalogie du Tertre, dans les manuscrits de feu M. de Baizieux.)

(4) J'emprunte à M. Vaillant (*op. cit.*, p. 46), le texte d'une délibération du Consistoire de La Haye, relative à la donation de Jean de La Wespierre (1680) :

« Nous soubz signez Ministre, anciens et diacres de la Religion permise en France par les édits de Sa Majesté et qui faict ses assemblées par la permission du Roy au chasteau de La Haye en Boulenois, estant assemblez en consistoire le dimanche douziesme de may mil six cens quatre vingts, a esté faict et délibéré ce qui enssuit, sçavoir :

« Deffunct Messire Jean de La Wespiere, chevalier, seigneur de Mieurre, faisant profession de la ditte Religion, ayant délaissé, par son testament passé pardevant notaires royaulx à Monstreuil en datte du septiesme mars mil six cens soixante-dix-sept, au ministre qui presche audit lieu de La Haye, cinquante livres de rente fonsière qu'il avoit cy devant à prendre et percevoir par chacun an sur Jean de Formanoir et sur Pierre Levesques par indivis à cause des bastimens et maisons esquelles ils sont demeurans, pour par ledit sieur de Mieurre et ses héritiers légataires demeurer quitte de pareille somme de cinquante livres de rente faisant partie de soixante qu'ils estoient obligez de paier audit ministre par le testament de Damoiselle Marie de Le Clitte, ledit Jean de Formanoir se voulant desgager de laditte rente et en faire le raquit tant de ce qu'il doibt de son chef que de celuy dudit Levesque, ainsy qu'il nous a esté rapporté par messire Charles de La Haye, escuier, sieur des Moulins, ancien de cette Église; après avoir meurement examiné l'affaire et l'avoir mise en délibération, nous tous d'une commune voix avons trouvé à propos de recevoir le raquit sur le pied du denier vingt des mains dudict de Formanoir, et à cette fin, avons nommé en la personne de Charles de La Haye, escuier, sieur des Moulins, auquel donnons pouvoir de recevoir les deniers quy proviendront dudit raquit, en donner bonne et valable quittance tant audit du Formanoir et à tous autres à qui quittance et décharge appartiendront, mesme d'en faire le remploiement entre les mains du sieur Jacques Dufay marchand [droguiste] en cette ville de Boulogne par obligation et sentence d'hipotecque qui sera nécessaire.

« Fet en Consistoire le jour et an contenu en l'autre part : Blondel; — de Limoges; M. Philippe du Fay, anciens; — Le Clercq, D. Ballin, Senlecque, Gérard des Bergeries, chefs de famille; — Haffrengues, ancien; — Charles de La Haye. »

Trois ans plus tard, une sentence de la Sénéchaussée du Boulonnais condamnait Jacques Du Fay à rembourser les 1000 livres en question au Consistoire de l'église réformée de La Haye, aux fins d'une requête de Charles de La Haye, porteur de la procuration à lui donnée.

Voir Vaillant, *op. cit.*, pp. 46 et sq., notes étendues sur le Consistoire de La Haye et ses biens, qui furent confisqués après la Révocation au profit de la Chambre des pauvres et hôpital de Boulogne, par lettres du Roi du 14 août 1690.

Extrait du *Bulletin de la Société de l'histoire du Protestantisme français*.
(Novembre-Décembre 1904.)

6473. — L.-Imprimeries réunies, B, rue Saint-Benoît, 7. — MOTTEROZ, directeur.